Lexikon
Flaggen und
Wappen

Die Wappen
und Flaggen
zeichneten
Jens Borleis,
Harald Stier,
Matthias Weis,
Peter Zappe,
Joachim Zindler

Hans-Ulrich Herzog

Georg Hannes

Lexikon Flaggen und Wappen

Bibliographisches Institut Leipzig

Inhaltsverzeichnis

Jüngste Veränderungen, insbesondere auf Grund gesellschaftlicher Umwälzungen, haben in einer Reihe von Ländern Auswirkungen auf deren Flaggen und Wappen. Diese Änderungen konnten bis Redaktionsschluß bzw. Druckbeginn nur in dem Maße berücksichtigt werden, wie sie bekannt waren. Im übrigen folgen die textlichen Erklärungen den in den jeweiligen Ländern üblichen Deutungen.

© VEB Bibliographisches Institut Leipzig, 1990
ISBN 3–323–00263–6

✶ Wappen und Flaggen sind seit dem Altertum bekannt. Sie waren und sind Zeichen der Zugehörigkeit zu einer Vereinigung, einer Stadt oder einem Staat. Zugleich dienen sie als Unterscheidungs- und Erkennungszeichen im Bereich des Militärwesens und in der Seeschiffahrt.

Farbgebung und Gestaltung der Wappen und Flaggen sind nicht zufällig. Farben und Symbole haben ihre Bedeutung, ihre Geschichte oder Legende. In der Symbolik der Wappen und der Flaggen sind Vergangenheit und Gegenwart wie auch Vorstellungen von der Zukunft des jeweiligen Landes verkörpert.

Im Laufe der Jahrhunderte haben sich sowohl die äußere Form der Wappen und Flaggen als auch ihre Bedeutung und Funktion gewandelt. Ihre Vorgeschichte reicht weit in die Vergangenheit zurück.

Bereits in der Literatur des Altertums, z. B. bei Homer, Vergil und Plinius, werden Darstellungen erwähnt und beschrieben, die sich auf den Schilden der Krieger befanden, die im 12. Jahrhundert v. u. Z. Troja belagerten.

Es wurden auch Stangen, Lanzen, Stäbe benutzt und diese mit Figuren von Tieren und Göttern geschmückt. Dieser Brauch entsprang dem Totemkult, denn so manche Abteilung der antiken Heere rekrutierte sich nicht selten aus Angehörigen einer Sippe oder eines Stammes.

Die Krieger der alten Ägypten zogen unter den Emblemen ihrer Pharaonen und Götter in den Kampf, hieroglyphischen Symbolen, die ihnen an einem langen Stab vorangetragen wurden. Die Streiter Assyriens trugen als besonderes Zeichen Stangen mit Scheiben, auf denen laufende Büffel abgebildet waren. Auch Fahnen mit aufgemalten Tauben wurden von ihnen verwendet. Die Griechen marschierten unter den Emblemen ihrer Städte – Athen trug z. B. die Eule als Symbol der Weisheit auf seinen Fahnen, während Korinth einen zähnefletschenden Wolf, das Zeichen der Wehrhaftigkeit, bevorzugte. Die Perser hatten goldene Adler mit ausgebreiteten Schwingen als Feldzeichen, die an der Spitze einer Lanze befestigt waren. Auch die Römer entwickelten zahlreiche Feldzeichen und Fahnen. Während z. B. die Fußtruppen den Adler bekamen, erhielt die Reiterei farbige quadratische Zeugstreifen an einem Stab, der quer zur Lanze angebracht war. Andere römische Standarten waren mit Figuren wie dem Wolf, dem Wildschwein und dem Bär geschmückt.

Die Gladiatoren, die sich im 1. Jahrhundert v. u. Z. unter Führung von Spartakus erhoben, scharten sich gleichfalls unter Standarten zum Kampf. Ihnen diente eine phrygische Mütze auf einer Stange als Symbol der Freiheit; als Zeichen der Wachsamkeit war zusätzlich eine Katzenfigur an der Stange befestigt. Oder aber sie zeigten neben der phrygischen Mütze die Abbildung ineinander greifender Hände als Symbol der Zusammengehörigkeit.

Im Altertum wurden die Standarten, die die Soldaten in den Kriegen mitführten, oft mit die Götter verkörpernden Symbolen versehen. Die ägyptischen, griechischen und römischen Heere glaubten an die übernatürlichen Kräfte, die von ihren heilige Symbole tragenden Standarten ausgehen sollten. Der Verlust dieser Standarten in einer Schlacht wurde als großes Unheil und als Schande empfunden. Auch die christlichen Streitkräfte des mittelalterlichen Europas erwarteten von ihren Fahnen Schutz und Hilfe im Kampf und bei der Erringung des Sieges. So war vor Otto II. (973/83) das Bildnis des Erzengels Michael Hauptfeldzeichen der kaiserlichen Truppen, das auch auf dem Reichsbanner angebracht war.

ägyptischer König mit Standartenträgern

Als Anfang der Geschichte der Flaggen wird häufig die Erwähnung des Vexillums betrachtet, das im antiken Rom Konsul Marius im Jahre 105 v. u. Z. für die römischen Kohorten einführte. Der römische Geschichtsschreiber Livius beschrieb das Vexillum als quadratisches Stück Tuch, das an einen an einer Stange (Lanze) befindlichen Querstab gebunden war. Die Farbgebung des Tuches war verschieden, purpur, rot, weiß oder blau, aber das Tuch war immer einfarbig.

Die Geschichte der Flaggen begann jedoch bedeutend früher. Bereits im 12. Jahrhundert v. u. Z. wurden, wie aus den Quellen hervorgeht, in China weiße Banner verwendet. Im alten Indien soll es Berichten zufolge weit vor unserer Zeitrechnung dreieckige Kampfbanner von roter und von grüner Farbe mit goldenen Tierdarstellungen gegeben haben.

Eine Legende berichtet von einem Drachenbanner, das den Assyrern durch die Krieger des persischen Königs Kyros II. im 6. Jahrhundert v. u. Z. abgenommen wurde. Nach der Zerschlagung der Armee König Dareios' III. im 4. Jahrhundert v. u. Z. soll das Banner in den Besitz Alexanders des Großen übergegangen und später nach Konstantinopel gebracht worden sein, wo man es am kaiserlichen Hofe aufbewahrte.

Skandinavische Sagen erzählen von dem „besprochenen" weißen Banner der Wikinger mit dem Abbild des schwarzen Raben, dem Symbol des Gottes Odin.

Bei den Herrschern der Sklavenhalterstaaten fanden persönliche Banner weite Verbreitung. Geschichtsschreiber berichten von der Abbildung eines goldenen Adlers als Symbol der persischen Herrscher. Im Römischen Reich waren Rutenbündel, „fasces" genannt, Abzeichen der Amts- und Strafgewalt der höchsten römischen Beamten.

Die Herausbildung der feudalen Hierarchie führte zum Erscheinen einer Vielzahl von Bannern. Die Herrscher der sich bildenden Staaten begannen, sich König zu nennen — König der Franken, König der Normannen —, so daß die Königsflaggen nicht mehr nur die Herrscher, sondern auch die Völker symbolisierten. Könige und Kaiser führten ihre Banner auf ihren Kriegszügen mit sich und stellten sie, wenn sich die Truppen zum Kampf rüsteten, weithin sichtbar auf einer Erhebung neben ihrem Lager auf, um ihren Standort zu kennzeichnen. Damals erhielten diese Banner die Bezeichnung „Standarte". Die ersten persönlichen Banner waren zumeist purpurfarben oder rot; später wurden auch andere Farben benutzt.

Es bildeten sich heraldische Familienfarben heraus, die wie die Wappen auf das folgende Familienoberhaupt übergingen. Gelb und Rot wurden z. B. die Farben Aragóns, Schwarz und Weiß die Farben der Hohenzollern, Schwarz und Gelb führten die Habsburger, Weiß und Gelb die Bourbonen, Gelb und Blau führte das Haus Wasa und Orange das Haus Oranien.

Besonders einflußreich waren die Bannerherr genannten Lehnsherren. Sie vereinigten oft zahlreiche Ritter und einfache Waffenträger unter ihrem Oberbefehl und führten ihre persönlichen Farben in Gestalt langer Banner. Diese Banner bestanden aus rechteckigen, nicht sehr großen Tuchstükken, auf denen Wappen, Embleme oder auch ein Wahlspruch angebracht waren.

Mittelalterliche Chroniken erwähnen häufig den Brauch der Weihe zum Bannerherrn. Der auf Grund seiner persönlichen Verdienste der Ehre für würdig befundene Ritter übergab sein Fähnchen dem Souverän, und dieser riß eigenhändig den an dem Fähnchen befindlichen Schwenkel ab. Dadurch entstand eine rechteckige Fahne, die zugleich die neue Würde des Bannerherrn anzeigte.

Mit den Wappen und Flaggen erhielten Embleme in der Zeit des Feudalismus weite Verbreitung, die Kraft, Tapferkeit sowie Gewandtheit, Geschicklichkeit und Mut des Trägers zum Ausdruck bringen sollten. Da es nicht möglich war zu erkennen, ob sich Freund oder Feind unter der Ritterrüstung befand, wurden auf den Ritterschilden spezielle Erkennungszeichen angebracht. Zu den dabei verwendeten Sinnbildern zählten Abbildungen des Schwertes, der Lanze, des Pfeils, des Löwen, des Leoparden, des Wildschweins, des Wolfes, des Bären und des Drachens.

römische Feldstandarte (Vexillum)

Zwischen den Kriegszügen bewiesen die Ritter ihren Mut und ihre Geschicklichkeit in den zur Unterhaltung veranstalteten Turnieren. Hierbei wetteiferten sie zudem mit der Pracht der Ausgestaltung ihrer Rüstungen, der Kompliziertheit ihrer Wappen und Banner. Die Bedeutung der einzelnen Zeichen und Symbole herauszufinden, war schwierig. Deshalb bediente man sich auf den Turnieren der Ausrufer, Herolde genannt. Sie stellten die Ritter vor und schilderten die Bedeutung der Symbole, die sich auf dem Schild oder auf dem Banner des einzelnen Ritters befanden. Um die Aufmerksamkeit der Anwesenden auf ihre Ausführungen zu lenken, bliesen sie ins Horn, französisch „blason" genannt, woraus in der Heraldik der Begriff Blasonierung für die Wappenbeschreibung abgeleitet wurde. In jener Zeit bildete sich die Heraldik als Wissensbereich von der Gestaltung der Wappen und der Bedeutung ihrer Bestandteile und Gestaltungselemente heraus.

Wappen im eigentlichen Sinn gibt es erst seit der Mitte des 12. Jahrhunderts, als Fürsten und Ritter figürliche Darstellungen in einer klaren, kontrastreichen Farbgebung annahmen. Mit diesen Darstellungen schmückten sie ihre Rüstungen und vor allem ihre Schilde. So weisen noch heute zahlreiche Wappen eine Schildform auf. Es gab jedoch noch keine festen Regeln für die Wappengestaltung; daher konnte sich der Ritter die Figuren oder die Symbole aussuchen, die er als Verkörperung seiner Eigenschaften betrachtete oder in denen er ein gutes Mittel zur Abschreckung seiner Gegner sah. Die Farbgebung war gleichfalls seine eigene Entscheidung, sofern ihm nicht schon bestimmte Familienfarben vorgegeben waren. Es war jedoch auch möglich, daß ein Ritter nebeneinander mehrere Wappen benutzte.

Zu den Hauptelementen der Farbgebung werden in der englischen Heraldik zwei Metalle — Gold (or) und Silber (argent) — sowie fünf Emailfarben — Rot (gules), Blau (azure), Purpur (purpure), Grün (vert) und Schwarz (sable) gezählt. Bei der Zusammenstellung heraldischer Farbkombinationen war zu beachten, daß niemals Metall auf Metall und Farbe auf Farbe zu liegen kam. Die Farben durften sich also nicht berühren, sondern mußten durch ein Metall voneinander getrennt sein, auch wenn sein Streifen noch so schmal war. Dementsprechend durften auch die Metalle einander nicht berühren.

Bei der Beschreibung der Farbgebung von Flaggen fällt auf, daß sowohl in offiziellen Materialien als auch in der Flaggenliteratur das in der Heraldik „Silber" genannte Metall stets als „Weiß" bezeichnet wird, während für das andere Metall, „Gold", sowohl der Begriff „Gold" als auch der Begriff „Gelb" ohne Rücksicht auf den verwendeten Farbton gebraucht wird.

Das Metall Gold soll Macht, Kraft, Reichtum, Beständigkeit, Vornehmheit, Glauben, Gerechtigkeit, Tugend und Treue zum Ausdruck bringen, während Silber als Sinnbild für Reinheit, Wahrhaftigkeit, Unschuld, Edelmut, Aufrichtigkeit, Keuschheit und Hoffnung betrachtet wird.

In den Schriften zur Heraldik des 17. Jahrhunderts wurde der Erläuterung der Farben viel Raum gegeben. Man schrieb ihnen z. B. folgende Bedeutungen zu:

Rot	Liebe, Tapferkeit, Kühnheit, Großmut, Mut und Unerschrockenheit
Blau	Ehrlichkeit, Keuschheit, Treue und Makellosigkeit
Purpur	Herrschaft, Freigebigkeit, Frömmigkeit, Mäßigkeit, Würde, Macht und Kraft
Grün	Hoffnung, Überfluß, Freiheit und Freude
Schwarz	Weisheit, Vorsichtigkeit, Beständigkeit, Bescheidenheit und Bildung

Den bei der Gestaltung der Wappen und Flaggen neben den Farben verwendeten bildlichen Darstellungen wird gleichfalls eine bestimmte Bedeutung beigelegt:

Löwe	Kraft, Mut, Großmut, Tapferkeit, Kühnheit und Macht
Leopard	Tapferkeit, Kühnheit
Bär	Umsicht

Ritter im Turnier

Stier	Fruchtbarkeit, Gedeihen
Adler	Macht, Scharfsichtigkeit, Großmut
Hahn	Verwegenheit, Kampf
Eiche	Festigkeit, Mächtigkeit, Dauerhaftigkeit
Lorbeer	Ruhm, Ehre
Olive	Frieden, Weisheit
Palme	Langlebigkeit, Sieg, Frieden
Sonne	Reichtum, Überfluß
Sterne	Ewigkeit
Weizen	Vermögen
Lilie	Leben, Auferstehung
	(nach K. A. Iwanow „Die Flaggen der Staaten der Welt", Moskau 1971, russ.).

Im Römischen Reich, das seit 395 aus einem westlichen und einem östlichen Teil bestand, zwei Kaiser besaß und sich offiziell als eine Einheit betrachtete, tauchten Banner mit dem Bild eines zweiköpfigen Adlers auf, einerseits die Einheit und Zusammengehörigkeit der beiden Teile des Imperiums darstellend, andererseits die Wachsamkeit zum Ausdruck bringend.

Auch die drei großen Religionen – der Buddhismus, das Christentum und der Islam – hinterließen ihre Zeichen auf den Flaggen. Symbole des Christentums sind das Kreuz und die weiße (silberne) Farbe. Der Islam findet seinen Ausdruck im Halbmond und in der grünen Farbe. Der Buddhismus ist in „heiligen" Tieren wie dem Drachen oder dem Elefanten und im Gelb-Orange verkörpert.

Das Wort Fahne leitet sich vom althochdeutschen Wort „fano" (Tuch) ab. Der Ursprung dieses Zeugstücks, an einer Stange befestigt, findet sich schon bei den altorientalischen Völkern. Auf Kriegszügen diente es neben anderen Feldzeichen zum Unterscheiden der Heeresteile und als Mittel, die taktische Ordnung aufrechtzuerhalten.

Im Mittelalter organisierte das Papsttum mehrere Eroberungszüge europäischer Feudalherren nach Syrien und Palästina. 1095 rief Papst Urban II. zum 1. Kreuzzug auf. Mit der Losung von der Befreiung der heiligen Stätten der Christenheit aus den Händen der Ungläubigen (d. h. der Muslime) wurden die eigentlichen Ziele der beteiligten Kräfte – Schaffung christlicher Feudalherrschaften sowie Ausbau des Einflusses des Papsttums – verhüllt. Die Teilnehmer der Kreuzzüge trugen neben ihren persönlichen Schilden ein gemeinsames Symbol, das Kreuz, auf Brust und Schultern (Kreuzritter).

Bischof Otto von Freising, der Chronist Kaiser Friedrichs I. Barbarossa, schilderte den Brauch, die Belehnung mit einem Territorium durch Überreichen eines Banners zu symbolisieren. Im Jahre 1180 verlieh der Kaiser bei der Übergabe des Herzogtums Westfalen an den Erzbischof von Köln diesem auch ein Banner. Der Sachsenspiegel des 13. Jahrhunderts stellt fest, daß bei der Lehnsübergabe ein geistlicher Fürst vom Kaiser das Zepter, ein weltlicher Fürst jedoch ein Banner erhält. Waren solche Lehnsbanner zuerst einfarbig, ohne jegliche Abzeichen, so erschienen auf ihnen schon gegen Ende des 14. Jahrhunderts Wappen.

Seit dem 11./12. Jahrhundert wurden mit dem Entstehen und dem Wachstum der Städte eine große Zahl von Stadtflaggen geschaffen. Ihre farbigen Tücher trugen Kreuze, Embleme und andere Symbole der Macht und der Kraft. Sie bestanden oft aus aneinandergefügten horizontalen oder vertikalen Streifen. Eine Reihe von freien Städten, von unabhängigen Stadtstaaten entstanden. Sie unterstrichen mit ihren Flaggen zugleich die Unabhängigkeit, ihre Autonomie und Staatlichkeit.

Im 17. Jahrhundert wurde die Fahne zum Symbol der Souveränität, zum offiziellen Kennzeichen eines Staates und somit bei den Armeen allgemein üblich.

Der Übergang zum Kapitalismus führte zur Herausbildung vieler Nationalstaaten, deren Flaggen vielfach aus farbigen horizontalen, vertikalen oder auch diagonalen Streifen bestanden. Viele dieser Flaggen enthielten und enthalten als Hauptelemente Farben, die für das Volk des betreffenden Landes klar und traditionell sind.

In der Beschreibung des dritten Kreuzzuges wird erstmals die symbolische Verwendung der Farbe erwähnt.

Vergabe von Zepter- und Fahnenlehen durch den Kaiser

Kreuze, die auf die Kleidung der Kreuzritter und auf ihre Banner genäht waren, unterschieden sich durch ihre Farben und gaben so die Herkunft der Träger zu erkennen. Verschiedene Quellen berichten, daß die Kreuze der Franzosen weiß (silbern) und die der Engländer gelb (golden) waren. Die Italiener benutzten blaue, die Spanier rote und die Deutschen schwarze Kreuze. Den Flamen werden grüne Kreuze zugeschrieben. Allerdings stimmen nicht alle Schilderungen in den Farbzuordnungen überein.

Wachsendes nationales Selbstverständnis erhöhte die Bedeutung der Nationalfarben. In der Periode der Herausbildung der Nationalstaaten wurden bestimmte Farben verwendet, um den Gedanken der nationalen Einheit des Volkes zu fördern. Diese Farben wurden auch in Form von Bändern, Schleifen und Kokarden getragen und von den Menschen als Ausdruck ihres Zusammengehörigkeitsgefühls angesehen. Nicht selten unterschieden sich die Embleme nicht in den verwendeten Farben, sondern nur in der Reihenfolge ihrer Anordnung.

Die Entwicklung der Handelsflotten war jahrhundertelang mit derjenigen der Seestreitkräfte eng verbunden. So sind auch die Geschichte der Handelsflagge und der Marineflagge, der Flagge der Seestreitkräfte, vielfach nicht voneinander zu trennen.

Forschungsreisende, Entdecker, Seefahrer und Kaufleute trugen die Flaggen ihrer Länder und die ihrer Herrscher in ferne Regionen. So fuhren die Schiffe von Christoph Kolumbus bei der Entdeckung des amerikanischen Kontinents unter der Flagge Königin Isabellas von Kastilien. Vasco da Gama, der die Südspitze Afrikas umsegelte und den Seeweg nach Indien fand, führte an seinem Schiff die Flagge König Manuels I. von Portugal, und die Schiffe Fernão de Magalhães trugen bei der ersten gelungenen Weltumsegelung das Banner Kaiser Karls V.

Im frühen Mittelalter benähte man Schiffsflaggen und Segel mit Darstellungen von Tritonen, Najaden, Sirenen, mit Bildern der Mutter Gottes und anderen symbolischen Zeichen. Diese Zeichen sollten das Schiff und seine Besatzung vor Gefahren und vor Schaden bewahren und den „bösen Geist" abwenden. Auf Schiffen geführte Fahnen kamen wohl zuerst im Mittelmeerraum auf, als italienische Seefahrer sie zur Kennzeichnung ihrer Schiffe benutzten. Nach und nach entstanden Flaggen mit einer einfachen und klaren, weithin erkennbaren Symbolik. So wehten über den Schiffen der Kreuzfahrer Flaggen mit den Kreuzen in den Unterscheidungsfarben, während die türkischen Schiffe Flaggen mit dem Halbmond zeigten.

Später übernahmen auch die nordeuropäischen Seefahrer den Gebrauch der Flaggen als Unterscheidungszeichen. Bereits gegen Ende des 13. Jahrhunderts gab es feste Regeln für die Flaggenführung auf den Schiffen der Hansestädte. Die Vereinigten Niederlande führten im 16. Jahrhundert zum ersten Mal die auf dem Festland verwendete Nationalflagge auch auf See als Erkennungszeichen der Schiffe ein. Schon bald übernahmen andere Staaten diesen Brauch, und allmählich entwickelte sich daraus eine Art ungeschriebenes Flaggenrecht.

Unter Flaggenrecht ist auch die Berechtigung eines Seeschiffes zu verstehen, die Flagge eines bestimmten Staates zu führen und sich im internationalen Seeverkehr auf die entsprechende Staatszugehörigkeit zu berufen. Die Flagge ist dabei das äußere Zeichen der Staatszugehörigkeit des Schiffes. Die Verleihung des Flaggenrechts ist an bestimmte nationale Rechtsvorschriften geknüpft. Jeder Staat legt nach eigenem Ermessen fest, welche Bedingungen Schiffe seiner Staatszugehörigkeit erfüllen müssen, um durch die zuständigen Institutionen registriert zu werden und seine Flagge führen zu dürfen. Jedes Schiff darf lediglich eine Staatszugehörigkeit beanspruchen und als deren Zeichen die Flagge nur dieses einen Staates führen. So ist es heute in den Bestimmungen der internationalen Seerechtskonvention festgelegt. Das Führen von zwei Flaggen ist ebenso unzulässig wie ein Flaggenwechsel während der Fahrt auf hoher See oder während der Liegezeit in einem ausländischen Hafen, es sei denn, es findet eine tatsächliche Änderung im Schiffsregister des Heimatstaates statt.

Landung von Christoph Kolumbus

Ein Schiff, das nach Belieben die eine oder die andere Flagge führt, wird als Schiff ohne Flagge und damit als Schiff ohne Staatszugehörigkeit betrachtet und behandelt. In der Handelsschiffahrt ist es Brauch, während der Liegezeit in einem ausländischen Hafen nicht nur die Flagge des Heimatstaates zu zeigen, sondern am Mast auch die Flagge des Staates zu hissen, in dessen Hafen sich das Schiff befindet. Daneben geschieht es häufig, daß Handelsschiffe ihre Haus- oder Reedereiflagge führen, d. h. die Flagge des Eigentümers.

Besonders exakte Bestimmungen enthält die Flaggenordnung der Seestreitkräfte der einzelnen Staaten. In ihnen ist detailliert festgelegt, welche Flagge an welchem Ort zu führen ist und wann die Flagge gehißt oder niedergeholt wird. Auch die Art der Beflaggung beim Einlaufen in einen Hafen, beim Ankern, beim Besuch eines ausländischen Hafens oder bei anderen Anlässen besonderer Art ist bis ins Detail geregelt. Selbst für die Flaggenhissung und -einholung haben die Seestreitkräfte ein besonderes Zeremoniell, die sog. Flaggenparade.

Bei den ersten gemeinsamen Fahrten mehrerer Schiffe gab das Führungsschiff Zeichen mit vereinbarten Signalflaggen. Aus dieser Art der Befehlsübermittlung entstand der Begriff des Flaggschiffs für das Schiff des Kommandierenden. Auch heute noch wird damit das Schiff bezeichnet, auf dem sich der Befehlshaber eines Schiffsverbandes oder Geschwaders befindet.

Im 18. und 19. Jahrhundert führten Kriegsschiffe neben der Staatsflagge andere Flaggen, die sich in ihren Farben unterschieden und die Geschwaderzugehörigkeit anzeigten. Nach der Seeschlacht bei Trafalgar 1805 wurde die weiße Flagge mit dem roten Georgskreuz, die Flagge des siegreichen Geschwaders von Admiral Nelson, zur Flagge der Seestreitkräfte Großbritanniens bestimmt.

Auch wenn es in den Details eine große Vielfalt unterschiedlicher nationaler Bestimmungen gibt, so ist doch ein Brauch international: Sowohl Handels- als auch Kriegsschiffe haben innerhalb der Hoheitsgewässer des eigenen, aber auch und vor allem eines fremden Staates, ihre Flagge zu zeigen.

Heute gibt es in allen Staaten Hoheitszeichen, d. h. Wappen und Flaggen als Symbole der staatlichen Souveränität. In den meisten Staaten werden Form, Gestaltung und Verwendung der Hoheitszeichen durch Gesetz geregelt. So sind in manchen Staaten die Bürger berechtigt, die Nationalflagge ihres Landes jederzeit zu hissen, während das in anderen Staaten auf festgelegte Feier- und Gedenktage beschränkt wird, die in einigen Fällen direkt als Flaggentage bezeichnet werden. Es gibt aber auch Staaten, in denen das Hissen von Flaggen nur den staatlichen Dienststellen gestattet ist.

Das Zeigen ausländischer Hoheitszeichen ist in manchen Staaten ausdrücklich verboten und nur den ausländischen diplomatischen Missionen und konsularischen Vertretungen erlaubt; in anderen ist diese Frage nicht gesondert geregelt. Der Staat ist jedoch überall und in jedem Fall darauf bedacht, Würde und Ansehen seiner Hoheitszeichen zu schützen und jede Diffamierung von Wappen und Flagge zu verhindern.

Neben den staatlichen Hoheitszeichen gibt es regionale und kommunale Symbole, Provinz- bzw. Stadtwappen und -flaggen, Embleme und Flaggen von Parteien, Organisationen und verschiedenen gesellschaftlichen Institutionen, von Klubs und Reedereien sowie anderen Einrichtungen.

Flaggenführung von Handelsschiffen

1 = Flagge des Heimatstaates (Registerstaat)
2 = Flagge des Aufenthaltsstaates (Höflichkeitsbeflaggung)
3 = Bugflagge (wird nur geführt, wenn das Schiff vor Anker liegt bzw. an der Pier festgemacht hat), in der Regel Wimpel des Heimathafens

Abzeichen heraldische Figur, heraldisches Zeichen, wappenähnliches Emblem, das jedoch nicht den strengen Regeln der Heraldik unterworfen ist; kann sowohl als besonderes Emblem auf Flaggen als auch allein Verwendung finden.

afrikanische Farben Rot, Grün und Gelb; diese Farben kommen in den Flaggen der Mehrzahl der seit Anfang der sechziger Jahre unabhängig gewordenen Staaten des afrikanischen Kontinents vor.

arabische Farben Grün, Rot, Weiß und Schwarz; werden von den meisten arabischen Staaten in ihren Flaggen verwendet.

badge Begriff der englischen Heraldik, ↑ Abzeichen.

Balken Heroldsbild, das durch eine zweifache, waagerechte Teilung eines Wappenschildes entsteht. Als Balken bezeichnet man das zwischen den beiden Teilungslinien liegende Feld. Seine Breite beträgt in der Regel zwei Siebentel bis ein Drittel der Höhe eines Schildes. Bei mehreren Balken in einem Schild kann der einzelne Balken auch schmaler sein. Die diagonale Anordnung eines Balkens heißt Schrägbalken oder Schräglinksbalken.

Banner im Mittelalter gebräuchlicher Begriff für „Fahne". Heute versteht man unter Banner im allgemeinen eine lange, schmale Flagge, die an einem Querstock befestigt ist und mit diesem an einem Mast gehißt wird, so daß sie senkrecht herabhängt. Banner werden auch Hängefahne genannt. Sie weichen erheblich von den in vielen Ländern vorhandenen gesetzlichen Bestimmungen über die Flaggenpro-

portionen ab und werden zur dekorativen Ausschmückung von Gebäuden und Räumen verwendet.

Billigflagge Umschreibung für die Gepflogenheit mancher Reedereien, ihre Schiffe in Ländern zu registrieren, die gegen geringe Lizenzgebühren beträchtliche Vorteile gegenüber einer Schiffsregistrierung im eigenen Land bieten. Ausschlaggebend dafür sind vergleichsweise äußerst günstige Steuersätze, fehlende Festlegungen über Mindestlöhne, Kranken- und Altersversicherung, minimale Anforderungen an die berufliche Qualifikation der Seeleute, ihre Unterbringung und Verpflegung sowie ein niedriger Standard für Zustand und technische Sicherheitseinrichtungen der Schiffe. Die Praxis besteht seit über fünfzig Jahren und ist auch unter dem Begriff der Gefälligkeitsflagge bekannt.

Blasonierung den Regeln der Heraldik entsprechende Wappenbeschreibung. Der Standpunkt des Beschreibenden ist dabei der des Schildhalters oder Schildträgers, wodurch dem Betrachter die Seiten vertauscht erscheinen.

crest Begriff der englischen Heraldik, ↑ Helmzier.

Danebrog Bezeichnung der im 14. Jahrhundert entstandenen, seit dem 17. Jahrhundert offiziell gebräuchlichen dänischen Nationalflagge, die zum Vorbild für die Gestaltung der Flaggen der skandinavischen Länder wurde.

Devise ↑ Wahlspruch.

Dienstflagge eine dem Gebrauch durch staatliche Dienststellen und Einrichtungen vorbehaltene Flagge, wird oft

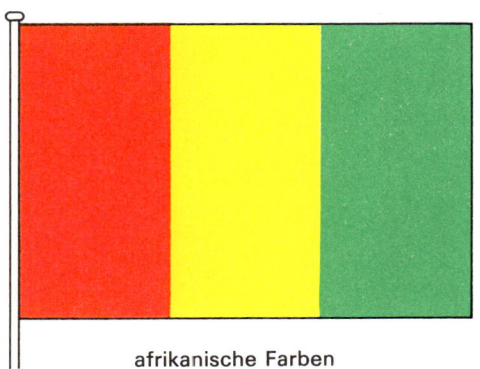

afrikanische Farben

auch als Staatsflagge bezeichnet. Dienstflaggen für einzelne Dienststellen oder Einrichtungen sind häufig mit einem speziellen Abzeichen oder Emblem versehen.

dippen Flaggengruß in der Seeschiffahrt, ausgeführt durch Niederholen der Flagge bis zur halben Höhe des Flaggstocks und umgehendes erneutes Vorhissen auf die volle Höhe.

Doppelstander eine Flagge, deren Flugseite einen dreieckigen Einschnitt aufweist, d. h., die schwalbenschwanzförmig gestaltet ist, auch Splittflagge genannt. Doppelstander sind eine Besonderheit der Gestaltung von Dienstflaggen der skandinavischen Länder sowie militärischer Kommandozeichen und Rangabzeichen. — Eine besondere Form des Doppelstanders weist in der Mitte des dreieckigen Einschnittes an der Flugseite eine Zunge auf, sie ist „gezungt".

Emblem bildlich-symbolische Darstellung, durch deren Anbringen eine vorhandene Flagge für einen speziellen Zweck abgewandelt wird. Embleme werden nicht außerhalb und losgelöst von ihren Flaggen verwendet.

Fahne aus dem althochdeutschen Wort „fano" = Tuch entstandener Begriff. Er bezeichnet ein an einer Fahnenstange direkt oder beweglich befestigtes, aus Tuch hergestelltes und besonders gestaltetes Unterscheidungszeichen, das oft mit einem besonderen Abzeichen oder Emblem belegt ist.

Fahnenkunde ↑ Vexillologie.

Feld bei der Schildteilung entstehendes Teilstück eines Wappenschildes, ↑ Schildteilung.

Feldzeichen (lateinisch „signum") bereits aus dem Altertum bekanntes, besonderes Erkennungs- und Unterscheidungszeichen einzelner Teilformationen innerhalb eines Heeres. Feldzeichen dienten u. a. zur Aufrechterhaltung der taktischen Ordnung. Sie wurden den verschiedenen Einheiten während der Schlacht vorangetragen und im Lager neben dem Zelt des Befehlshabers aufgestellt. Aus den Feldzeichen entwickelten sich die heutigen Truppenfahnen militärischer Verbände und die Standarten militärischer Befehlshaber.

Flagge ein aus Tuch hergestelltes, besonders gestaltetes Unterscheidungszeichen, das an einer Flaggenleine leicht auswechselbar befestigt wird und mit ihrer Hilfe an einem Flaggenmast oder Flaggstock gehißt und niedergeholt werden kann. Oberbegriff für Flaggen, Fahnen, Standarten und Stander.

Flaggengruß ↑ dippen.

Flaggenkunde ↑ Vexillologie.

fliegendes Ende die dem Liek bzw. der Fahnenstange abgewandte Seite einer Flagge oder Fahne, auch als Flugseite bezeichnet.

Flugseite ↑ fliegendes Ende.

gemeine Figur alle in den Wappen vorkommenden Darstellungen, Gegenstände und Zeichen, ausgenommen Heroldsbilder. Im Gegensatz zu den Heroldsbildern reichen die gemeinen Figuren nicht bis an die Schildränder, sondern sind mindestens auf zwei Seiten von diesen gelöst. Man unterscheidet zwischen wirklichen Figuren, die in der Natur vorkommen oder vom Menschen geschaffen wurden, und solchen, die der Phantasie entsprungen sind.

gespalten durch eine oder mehrere senkrechte Linien vorgenommene Schildteilung.

geteilt durch eine oder mehrere waagerechte Linien vorgenommene Schildteilung.

Doppelstander

geviert durch eine waagerechte und eine senkrechte Linie vorgenommene Schildteilung. Bei der Zusammenfügung mehrerer Wappen durch eine solche Schildteilung spricht man von einem quadrierten Schild.

Gösch Bugflagge der Kriegsschiffe, wird gehißt, wenn das Schiff im Hafen ankert oder festgemacht hat. Einige Staaten haben eine besonders festgelegte Gösch, andere verwenden als Gösch die Nationalflagge. Das Führen von Bugflaggen ist in manchen Ländern auch bei Handelsschiffen üblich. In der Regel wird dabei die Haus- oder Reedereiflagge verwendet.
Als Gösch wird oft auch die von der allgemeinen Gestaltung abweichende obere Ecke am Liek einer Flagge bezeichnet, ↑ Oberecke.

halbmast ↑ Trauerbeflaggung.

Handelsflagge Flagge der Handelsschiffe eines Staates. Das Recht zum Führen der Handelsflagge wird durch das Flaggenzeugnis des Staates verliehen, in dem das Schiff registriert ist; siehe auch Billigflagge.

Hausflagge Unterscheidungszeichen der Schiffe von Reedereien, auch Reedereiflagge genannt, gehört nicht zu den Hoheitszeichen.

Heckflagge die am Flaggstock am Heck eines Schiffes geführte National-, Handels-, Marine- oder Dienstflagge, aus der das Herkunfts- bzw. Registerland, d. h. die Nationalität des Schiffes zu erkennen ist.

Helm aus der Ritterzeit stammendes, in der späteren Wappenheraldik zum festen Bestandteil eines Oberwappens gewordenes Symbol. Durch Verleihung von Wappen ist der Helm als Bestandteil des Wappens auch in solchen Ländern anzutreffen, in denen historisch Helme nicht verwendet wurden.

Helmdecken über den Helm gebreitetes Tuch in den Wappenfarben, später vielfach künstlerisch gestaltet und kunstvoll drapiert, zu schwungvoll wehenden, blattartig verschnörkelten, breiten Bändern geformt.

Helmzier auch Helmkleinod, Kleinod oder Zimir genannt; seit Ende des 12. Jahrhunderts auf den Ritterhelmen angebrachter Helmschmuck, der in der Regel Bestandteile des Wappenbildes des Trägers wiederholt. Die Helmzier wurde zu einem auch selbständig anstelle des Wappens verwendbaren Symbol. Als Helmzier verwandte man früher ganze Tierfiguren, Teile von Tieren wie Hörner, Flügel, Federn, ganze Tierköpfe. Die Helmzier war wie Schild und Banner Unterscheidungs- und Erkennungszeichen des Ritters. Sie erlangte besondere Bedeutung im Turnierwesen und fand dann Eingang in die Heraldik. In der englischen Heraldik wird sie als crest bezeichnet.

Heraldik Wappenkunde; Wissensbereich, der sich mit den Regeln der Gestaltung und Verwendung der Wappen, ihrer Beschreibung (Blasonierung), Entstehungsgeschichte und Symbolik befaßt.

Heroldsbild Wappenbild, das durch vielfältig geformte, bis an die Schildränder reichende Teilungslinien entsteht (z. B. Balken, Pfahl und Sparren). Zu den Heroldsbildern zählt auch das einfarbige Schildlein, mit dem das Zentrum eines großen Schildes belegt ist.

Herzschild einem anderen, größeren Schild im Zentrum (Herzstelle) aufgesetzter kleiner Schild. Der Herzschild kann Heroldsbilder und gemeine Figuren tragen. Ist er einfarbig, ohne weitere Gestaltungselemente, wird er Schildlein genannt.

hissen das Aufziehen einer Flagge vermittels der Flaggenleine an einem Flaggenmast oder Flaggstock bis zum oberen Ende des Mastes oder Flaggstocks.

Herzschild

Teilungen

Kreuze

Heroldsbilder

Schildteilungen

1 = geteilt
2 = gespalten
3 = quadriert
4 = geteilt und halbgespalten
5 = gespalten und halbgeteilt
6 = schräggeteilt
7 = schräg links geteilt
8 = dreifach gespalten
9 = dreifach geteilt
10 = schräg geviert
11 = geständert
12 = geschacht
13 = gerautet

Kreuze

1 = gerades Kreuz (Georgskreuz)
2 = Schrägkreuz (Andreaskreuz)
3 = schwebendes Kreuz
 (Griechisches Kreuz)
4 = Malteserkreuz
5 = Krückenkreuz
6 = Lothringer Kreuz
7 = Tatzenkreuz

Heroldsbilder

Schnitte

Einteilung eines zweifach geteilten und zweifach gespaltenen Wappenschildes

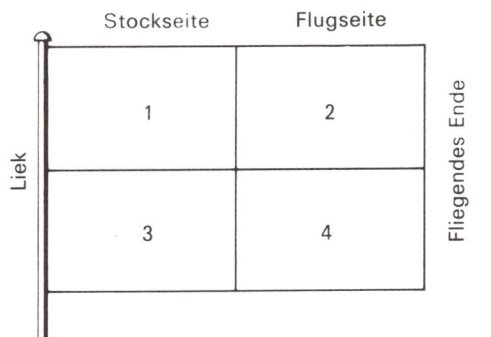

Einteilung einer Flagge

(Die Reihenfolge der Viertel entspricht der Reihenfolge in einem gevierten Wappenschild)

Heroldsbilder
1 = Balken
2 = Pfahl
3 = Schrägbalken
4 = Schräglinksbalken
5 = Schildlein
6 = Schildhaupt
7 = Schildfuß
8 = Sparren
9 = Spitze
10 = Schildrand
11 = Obereck
12 = Göpel
13 = Deichsel

14 = Flanke
15 = Strahl
16 = Kante

Schnitte
1 = Wellenschnitt
2 = Zackenschnitt
3 = Sägeschnitt
4 = Bogenschnitt
5 = Zinnenschnitt
6 = Kreuzschnitt

Einteilung eines Wappenschildes
1 = 1. Feld
2 = 2. Feld
   (Ortstelle)
3 = 3. Feld
4 = 4. Feld
5 = 5. Feld
   (Herzstelle)
6 = 6. Feld
7 = 7. Feld
8 = 8. Feld
9 = 9. Feld

Einteilung einer Flagge
1 = 1. Viertel
   (Obereck)
   (Oberstück)
   (Gösch)
2 = 2. Viertel
3 = 3. Viertel
4 = 4. Viertel

Hoheitszeichen Symbole der staatlichen Souveränität, deren Form, Gestaltung, Verwendung von der Mehrzahl der Staaten durch Gesetz geregelt ist. Zu den Hoheitszeichen sind zu zählen: Staatswappen, Nationalflagge, Handelsflagge, alle Dienstflaggen, wie z.B. die Flagge des Staatsoberhauptes und die Marineflagge.

Knatterfahne kurze, breite Fahne oder Flagge, die mit der breiten Seite an der Fahnenstange oder Flaggenleine befestigt ist. Knatterfahnen sind keine Hoheitszeichen und weichen stark von den offiziell festgelegten Flaggenproportionen ab. Sie werden zur dekorativen Beflaggung benutzt.

Kokarde rundes oder ovales Unterscheidungszeichen, im 18. und 19. Jahrhundert entstanden; ursprünglich aus Stoff gefertigte, in bestimmten Farben gestaltete Rosette; heute vor allem an Uniformen getragenes, in den Nationalfarben gehaltenes rundes Abzeichen. – In verschiedenen Ländern gebräuchliches, rundes Unterscheidungszeichen der Militärflugzeuge, das oft auch als Emblem auf den Dienstflaggen der Luftstreitkräfte Verwendung findet.

Kommandozeichen Flagge oder Stander des Befehlshabers eines militärischen Schiffsverbandes oder des Kommandanten eines Kriegsschiffes. Das Kommandozeichen wird am Mast des Schiffes gesetzt, auf dem sich der Befehlshaber aufhält.

Kommunalheraldik Teilgebiet der Heraldik, das sich speziell mit den Wappen der Städte und Gemeinden befaßt.

Königsflagge, -standarte persönliche Rangflagge eines Monarchen.

Kreuz in der Heraldik und in der Vexillologie häufig vorkommendes Heroldsbild bzw. gemeine Figur.

Kriegsflagge ↑ Marineflagge.

Liek die dem Flaggenmast bzw. der Fahnenstange zugewandte Seite einer Flagge bzw. Fahne (Stockseite). Genauer gesagt ist das Liek die in eine Flagge, zumeist mit einem weißen, neutralen Tuchstreifen, eingenähte Leine, an deren Enden die Flaggenleine befestigt wird.

Marineflagge Dienstflagge der Boote, Schiffe und Einheiten der Seestreitkräfte eines Staates (Kriegsflagge). Für die den Seestreitkräften zugehörenden Hilfsschiffe gibt es in vielen Staaten eine besondere Flagge.

Mittelschild ein im Zentrum eines Schildes (Herzstelle) liegender kleinerer Schild, der in seiner Mitte mit einem noch kleineren ↑ Herzschild oder ↑ Schildlein belegt sein kann.

Nationalfarben Landesfarben, Farben der Nationalflagge eines Staates. Die Farben der Staaten und Regionen sind historisch entstanden und zumeist von symbolischer Bedeutung.

Nationalflagge Hoheitszeichen eines Staates. Manche Staaten gestatten ihren Bürgern den Gebrauch der Nationalflagge ohne Einschränkung. Andere Staaten gestatten den Gebrauch der Nationalflagge nur an bestimmten nationalen und internationalen Gedenk- und Feiertagen, die zumeist als sogenannte Flaggentage gesetzlich festgelegt sind. Es gibt auch Staaten, in denen der Gebrauch der Nationalflagge allein den staatlichen Einrichtungen erlaubt ist.

In zahlreichen Staaten, vor allem in solchen, in denen Menschen unterschiedlicher Nationalität zusammenleben (Vielvölkerstaaten, Staaten mit nationalen Minderheiten), wird die Nationalflagge gesetzlich als Staatsflagge bezeichnet. In den meisten Staaten ist die Nationalflagge mit ihren Proportionen, ihrer Gestaltung und Verwendung in der Verfassung und anderen Gesetzen exakt festgelegt.

Oberecke auf einer Flagge von der Grundgestaltung abweichender, vielfach nicht besonders abgegrenzter Teil am

Königinflagge

oberen Liek (in der Regel ein Viertel der Flaggenfläche), oft auch als Gösch bezeichnet.

Oberwappen über einem Wappenschild angeordnete Wappenbestandteile wie Helm, Helmdecken, Wulst und Helmzier.

Orden seit der Spätantike Zusammenschluß von Personen oder Personengruppen, die sich an vereinbarten Grundsätzen, Regeln oder Zielstellungen orientierten. Die Gemeinschaft war vielfach religiös motiviert (Mönchs-, Ritterorden). Später wurde der Begriff auf das Abzeichen oder Symbol derartiger Zusammenschlüsse übertragen. Heute versteht man unter Orden eine von einem Staat gestiftete und für besondere Verdienste verliehene hohe Auszeichnung. Häufig sind die Orden in verschiedene Klassen eingeteilt, was seinen Ursprung in den mittelalterlichen Gemeinschaften mit ihren Insignien hat.

Pfahl Heroldsbild; entsteht bei einer Schildteilung durch zwei senkrechte Linien. Das von den beiden Trennungslinien begrenzte Wappenfeld wird Pfahl genannt. Seine Breite beträgt zwei Siebentel bis ein Drittel der Breite des Wappenschildes. Bei mehreren Pfählen in einem Wappen können diese auch schmaler sein.

Postament ornamentale oder der Wirklichkeit nachgestaltete Grundfläche, auf der der Schild und die Schildhalter stehen.

Präsidentenflagge, -standarte persönliche Rangflagge des Staatsoberhauptes einer Republik.

Proportion in Zahlen angegebenes, häufig gesetzlich festgelegtes Verhältnis der Flaggenbreite zur Flaggenlänge, um bei den verschiedenen Flaggenmaßen eine einheitliche Gestaltung zu sichern. Die gebräuchlichsten Proportionen offizieller Flaggen sind 1:2, 2:3 und 3:5.

Rangabzeichen Flagge, deren Führung militärischen Kommandeuren entsprechenden Ranges vorbehalten ist, auch Rangflagge genannt.

Reedereiflagge ↑ Hausflagge.

Schildfuß das untere Drittel eines Wappenschildes; als Heroldsbild durch eine waagerechte Teilungslinie abgeteilter unterer Teil des Wappenschildes.

Schildhalter die einen Wappenschild haltenden, seitlich von diesem angeordneten Symbolfiguren (Menschen, Tiere, Fabelwesen).

Schildhaupt das obere Drittel eines Wappenschildes; als Heroldsbild durch eine waagerechte Linie abgeteiltes Oberteil des Wappenschildes.

Schildlein kleiner, einfarbiger Schild im Zentrum eines Wappenschildes, gilt als Heroldsbild. ↑ Herzschild.

Schildteilung Gliederung eines Wappenschildes durch bis zu den Rändern reichende waagerechte, senkrechte, diagonale Trennungslinien, durch Heroldsbilder oder Schnitte.

Schnitt eine nicht gerade Linie, durch die eine Schildteilung vollzogen wird, wie Wellenschnitt, Sägeschnitt, Zakkenschnitt, Zinnenschnitt und ähnliches.

Splittflagge ↑ Doppelstander.

Staatenheraldik Teilgebiet der Heraldik, das sich mit den Wappen der Staaten befaßt.

Staatsflagge Hoheitszeichen eines Staates; oft dem Gebrauch durch staatliche Einrichtungen und Dienststellen vorbehalten, z. B. als Dienstflagge von Schiffen im Staatsdienst.

Präsidentenstandarte

*Die unterschiedlichen Flaggenformen
und ihre Bezeichnungen*

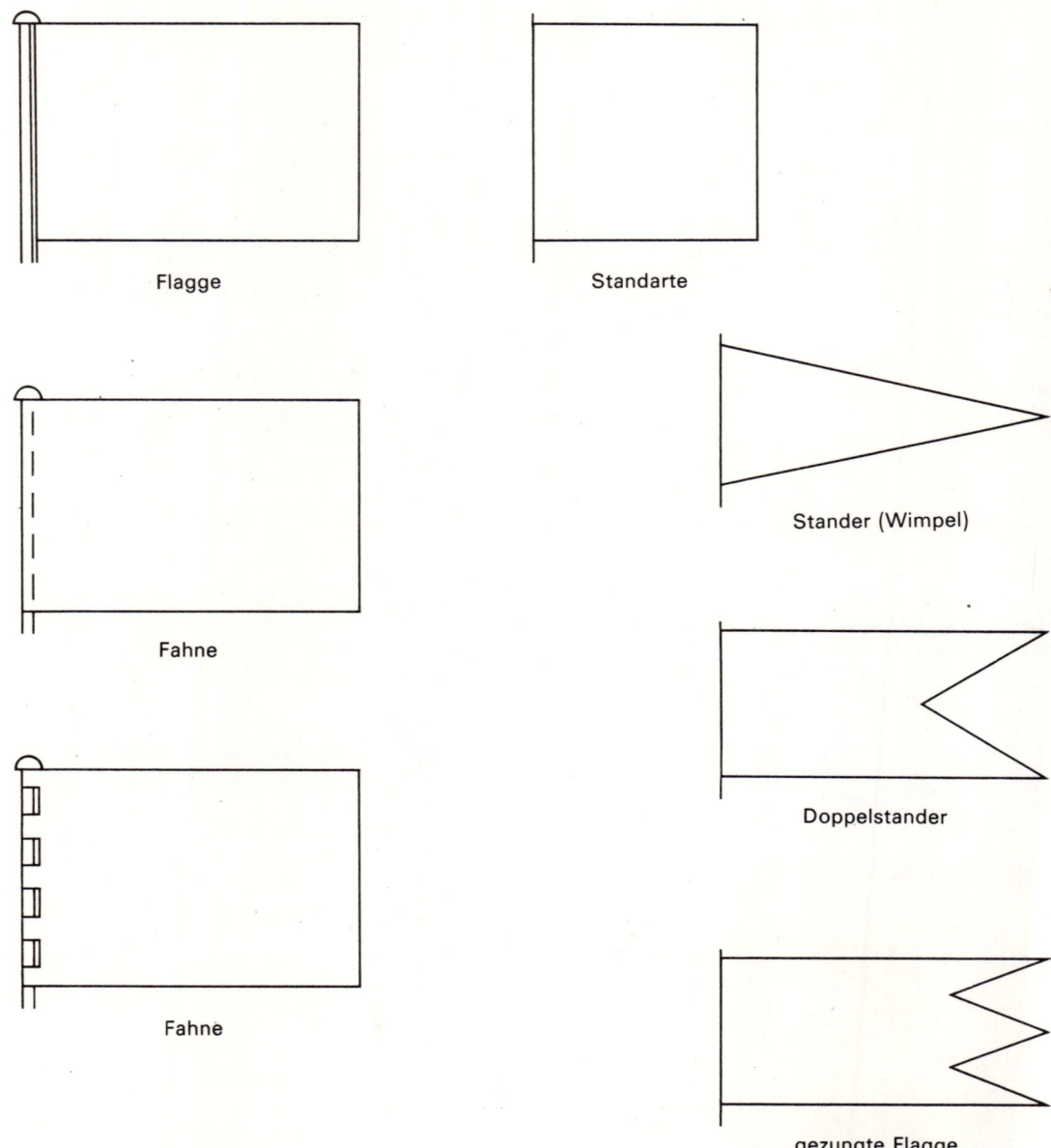

Flagge

Standarte

Fahne

Stander (Wimpel)

Doppelstander

Fahne

gezungte Flagge

*Die gebräuchlichsten Flaggen-
proportionen*

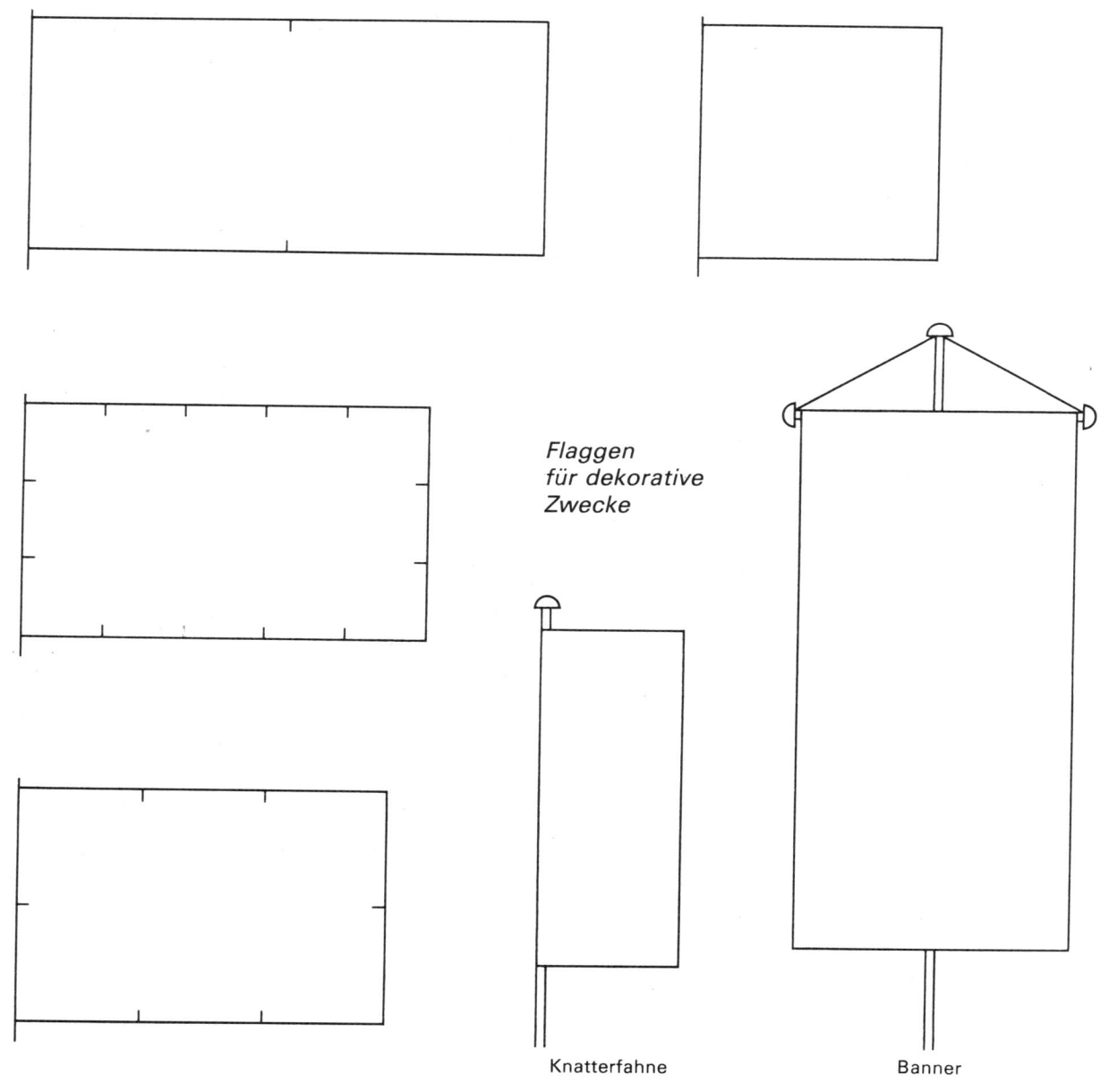

*Flaggen
für dekorative
Zwecke*

Knatterfahne

Banner

In manchen Staaten ist die Staatsflagge mit der National-flagge identisch.

Staatswappen heraldisches Hoheitszeichen eines Staates, dessen Benutzung den staatlichen Einrichtungen und Dienststellen vorbehalten ist und das z. B. auf Schildern offizieller staatlicher Institutionen, auf Dokumenten und Siegeln angebracht wird.

Standarte quadratische Flagge, in vielen Staaten Form der persönlichen Rangflagge des Staatsoberhauptes.
Quadratische Flaggen waren früher als Feldzeichen und militärische Rangabzeichen gebräuchlich.

Stander dreieckige Flagge, Unterscheidungszeichen, auch Wimpel genannt; bei den Seestreitkräften häufig als Rangabzeichen oder Kommandozeichen verwendet.

Stockseite ↑ Liek.

Trauerbeflaggung Zum Zeichen der Trauer werden Flaggen nach dem Vorhissen halbmast oder halbstocks gesetzt. Ist das nicht möglich, werden sie am oberen Ende am Liek mit einem Trauerflor versehen. Halbmast geflaggte Hoheitszeichen werden bei Beendigung der Trauerbeflaggung zuerst voll vorgehißt und danach niedergeholt.

Trikolore dreifarbige Flagge mit gleichbreiten, senkrechten Streifen; der Begriff wird immer öfter zur Bezeichnung jeder Art dreifarbiger Flagge verwendet, gleich, wie die Farben angeordnet sind.

Vexillologie Fahnen- oder Flaggenkunde; Wissensbereich, der sich mit den Regeln der Gestaltung, der Entstehungsgeschichte und der Symbolik der Fahnen und Flaggen befaßt.

Vexillum lateinischer Begriff für ein einfarbiges Tuch, das mittels eines Querholzes an einer Stange befestigt war, die

den römischen Adler trug; höchstes Zeichen einer militärischen Einheit des antiken Römischen Reiches.

Vorderseite die Seite einer Flagge, die dem Betrachter zugewandt ist, wenn sich die Fahnenstange oder das Liek der Flagge links vom Betrachter befindet.

Wahlspruch kurzer, programmatischer Sinnspruch, der die Zielsetzung eines Staates zum Inhalt hat; auch Devise, Motto oder Losung; von vielen Staaten in ihrem Wappen verwendet.

Wappen aus der Distanz leicht erkennbares Unterscheidungszeichen eines Monarchen, einer Adelsfamilie, eines Ritters, das im Mittelalter auf dem Schild des durch die Rüstung nicht erkennbaren Ritters angebracht war; später auch von Städten und Staaten verwendet. Heute sind Wappen nicht mehr an die Schildform gebunden.

Wappenflagge Flagge oder Fahne, deren gesamte Fläche von den Elementen eines Wappens eingenommen wird.

Wappenzelt eine Art Baldachin in Zeltform, der mit einem Wappenschild zusammen mit seinem Oberwappen und den Schildhaltern belegt ist und oben eine Rangkrone trägt. Das Wappenzelt ist in der Regel außen purpurfarben und innen weiß und mit Hermelinschwänzen bestreut.

Wimpel ↑ Stander.

Wulst ursprünglich aus zwei oder drei unterschiedlich gefärbten Stoffstreifen zusammengedrehter Ring zur Abdeckung der Befestigung der Helmzier. Heute in der englischen Heraldik vielfach freischwebendes Postament für das crest.

zentralamerikanische Farben die von den meisten zentral-(mittel-)amerikanischen Staaten in der Nationalflagge geführten Farben Blau—Weiß—Blau.

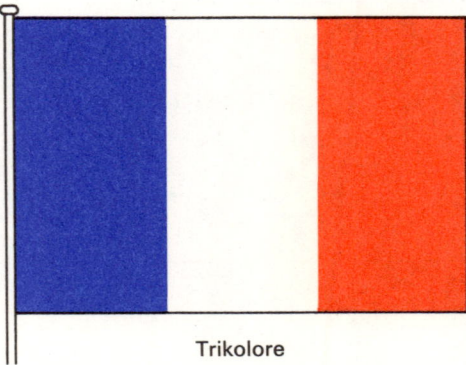
Trikolore

Hoheitszeichen
der Staaten

Staatswappen

✳ Die Republik Afghanistan zeigt im Zentrum ihres Wappens auf einem grünen Feld die Gebetsnische (Mihrab) einer Moschee als Ausdruck des islamischen Glaubens der Bevölkerung des Landes. Die aufgehende Sonne darüber verweist auf den alten Namen „Chorassan" (Land der aufgehenden Sonne). Sie deutet den Weg des Volkes zum Frieden und zur Freiheit von Unterdrückung und Tyrannei an. Als Sinnbilder der Arbeit und der Industrialisierung stehen die Getreideähren für den fruchtbaren Boden und den Fleiß der Bauern, das Zahnrad für die Arbeiterklasse der sich entwickelnden Industrie.

Orientieren die Symbole des Wappens vorwiegend auf Gegenwart und Zukunft des Landes, so haben die Farben des Wappens und der Flagge zahlreiche historische Bezüge: Schwarz war das Banner von Abu Muslim, eines Muslimführers und Patrioten in der Zeit der Abbasiden (8.–13. Jahrhundert), der mit seinen Gefährten für die Unabhängigkeit des alten Chorassan kämpfte; Rot war das Banner von Mahmud Ghasnawid, unter dem in der Blütezeit des Ghasnawidenreiches (10.–12. Jahrhundert) die Bewohner des heutigen Afghanistans zum Islam bekehrt wurden. Der rote Streifen der Flagge erinnert aber auch an die Bewegung der Rothemden – nach ihrem Führer Pir Roshan als „Roshani-Bewegung" bekannt, die sich im 16. und 17. Jahrhundert gegen die damaligen Formen der Unterdrückung erhob und ein Gemeineigentum an Grund und Boden propagierte. Die rote Farbe symbolisiert zugleich das Blut der Kämpfer und Märtyrer des nationalen Freiheits- und Unabhängigkeitskampfes gegen den britischen Kolonialismus. Grün ist die Farbe des Islams. Der grüne Streifen verkörpert darüber hinaus Sieg und Freiheit, steht für die Fruchtbarkeit des Landes sowie das Glück des Volkes.

Flagge und Wappen wurden 1980 offiziell eingeführt. Das Wappen wurde im April 1988 modifiziert.

Nationalflagge

Seit 1984 wird das Staatswappen der Arabischen Republik Ägypten wieder von einem goldenen Saladinadler gebildet. Damit kehrte das Land zu einem Wappen zurück, das es bereits Anfang der sechziger Jahre besaß, zur Zeit der damaligen Vereinigten Arabischen Republik. Der Adler, der auf Sultan Saladin (1171/93) zurückgeführt wird, findet in vielen arabischen Ländern als Wappen Verwendung und gilt als Symbol der Kraft, der Ausdauer und Wachsamkeit. Er trägt einen Brustschild in den Nationalfarben Rot, Weiß und Schwarz und in den Fängen ein Band mit der Staatsbezeichnung „Arabische Republik Ägypten" in kufischer Schrift.

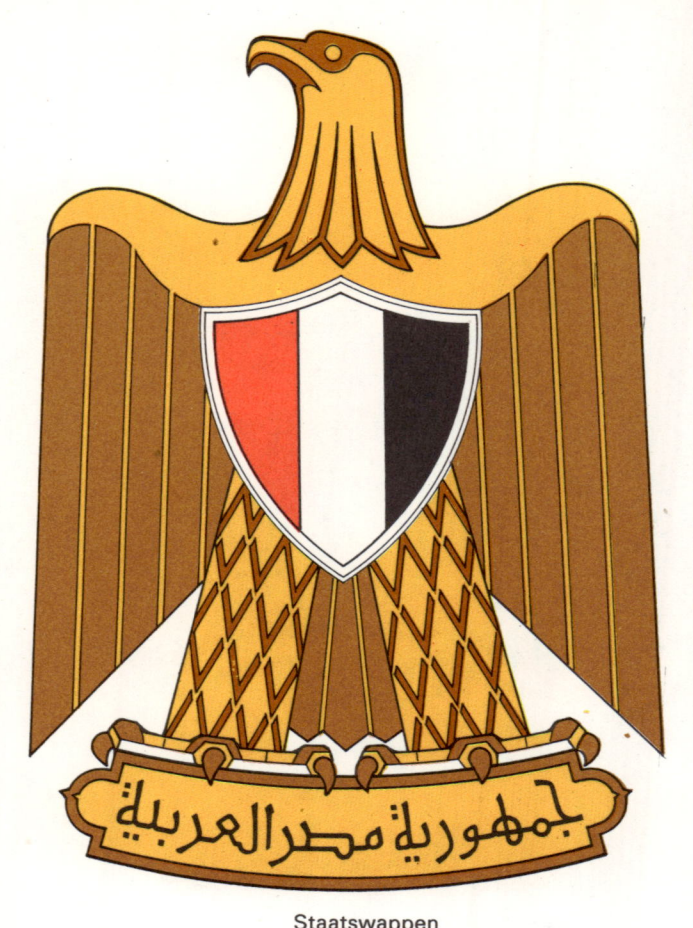

Staatswappen

National- und Handelsflagge

Die Nationalflagge Ägyptens zeigt seit 1958 – der Gründung der (bis 1961 bestehenden) Vereinigten Arabischen Republik mit Syrien – die arabischen Farben Rot, Weiß und Schwarz in horizontalen Streifen, trägt jedoch seit 1971 im Zentrum des weißen Streifens das Wappen.

Verschiedene Quellen deuten die Farben der Flagge wie folgt: Schwarz ist das Symbol für die Zeit vor der Revolution, Rot ist das Zeichen der Revolution und Weiß das Sinnbild einer friedlichen Zukunft. Die arabischen Farben sind auch in den Flaggen Syriens, Iraks und der Jemenitischen Arabischen Republik in der gleichen Reihenfolge anzutreffen. Andere Länder zeigen sie mit dem Grün des Islams kombiniert (Sudan, Volksdemokratische Republik Jemen, Jordanien, Vereinigte Arabische Emirate, Kuweit).

Marineflagge

Präsidentenflagge

✳ Bereits seit Verkündung der Unabhängigkeit des Landes 1912 in Vlora ist der schwarze Doppeladler das Wappentier Albaniens. Dieses Symbol wird auf den albanischen Nationalhelden Skanderbeg zurückgeführt. Er war in der Mitte des 15. Jahrhunderts der Führer des Kampfes gegen die Türkenherrschaft. Sein Familienwappen – der schwarze doppelköpfige Adler – wurde zum Symbol für alle um die Freiheit und Unabhängigkeit Albaniens kämpfenden Patrioten.

Seit Gründung der Volksrepublik im Jahre 1946 ist der Doppeladler von zwei Weizenähren umgeben, die auf die guten natürlichen Bedingungen des Landes verweisen. Die Ähren werden unten von einem roten Band zusammengehalten, das mit der Aufschrift „24. Mai 1944" an den Beginn des Kongresses in Përmeti erinnert, mit dem der neue albanische Staat gegründet wurde. Zwei Tage später, am 26. Mai 1944, wurde das Antifaschistische Nationale Befreiungskomitee gebildet, das als Provisorische Regierung die Errichtung der Volksmacht im Landesmaßstab zum Ziel stellte.

Der den Adler überhöhende rote, goldbordierte Stern steht als Symbol für die seit der Befreiung 1944 in Shqipëria („Land der Adler") entstandene neue Gesellschaftsordnung.

Auch mit ihrer Flagge folgt die Sozialistische Volksrepublik Albanien dem Vorbild Skanderbegs. Sie führt als Nationalflagge ein rotes, rechteckiges Flaggentuch, das im Zentrum des von einem roten, fünfstrahligen, goldbordierten Stern überhöhten, schwarzen doppelköpfigen Adler trägt.

Staatswappen

Nationalflagge

Handelsflagge

Marineflagge

Flagge der Hilfsschiffe

Staatswappen

✱ Bereits im Jahre 1925 geschaffen, war die heutige Nationalflagge mit den Farben Grün, Weiß und Rot seit 1928 Flagge der Befreiungsbewegung. Vor allem der Unabhängigkeitskampf nach 1945 trug dazu bei, daß sie auch in aller Welt bekannt wurde. Mit der Unabhängigkeitserklärung 1962 wurde sie zum offiziellen Hoheitszeichen der Demokratischen Volksrepublik Algerien. Damals gab man den Farben folgende Bedeutung: Grün steht für den Islam und für die Heimat, Rot ist Ausdruck der Revolution, und Weiß soll die nationale Tradition und die Reinheit der Moral und der Gesinnung verkörpern. (Der letzte, 1847 von den Franzosen unterworfene algerische Herrscher und Führer des antikolonialen Widerstandskampfes, Emir Abd al-Kadir, führte eine weiße Flagge). Hinzu kommen noch die Symbole des Islams, Halbmond und Stern, die auch in den Flaggen der Türkei und Tu-

National- und Handelsflagge

nesiens enthalten sind. In der Flagge Algeriens liegt jedoch der Stern völlig innerhalb des den Halbmond umschließenden Außenkreises.

Ein algerischer Dichter ordnete in der Zeit des Unabhängigkeitskampfes den einzelnen Farben folgende Begriffe zu: Rot ist gleich Blut, Zorn, Sommer und Mond; Grün symbolisiert die Hoffnung und das Meer, die Berge und die Armee, die in den Bergen operiert; Weiß steht für Tag und für Nacht.

Das 1962/63 geschaffene Siegel der Demokratischen Volksrepublik Algerien — Anfang der achtziger Jahre als Wappen übernommen — zeigt als Hauptmotiv Halbmond und Stern des Islams. Ein Palmenzweig und drei Getreideähren verweisen auf die Bedeutung der Landwirtschaft für die Entwicklung Algeriens. Vor der Silhouette von Bergen — Hinweis auf die Vielge-staltigkeit des Landes — und der aufgehenden Sonne im Hintergrund ist die „Hand der Fatima" dargestellt, ein vor allem in Nordafrika verbreitetes Glückszeichen. Fatima war die Tochter des Propheten Mohammed. Die auf sie zurückgeführte Dynastie der Fatimiden (909—1171) herrschte lange über Nordafrika. Diese Zeit wird häufig als eine glückliche Zeit gepriesen. Die aufgehende, strahlende Sonne im Hintergrund verweist darauf, daß dieses Glück auch die Zukunft des Landes und des Volkes bilden wird. Seitwärts der „Hand der Fatima" sind Fabrikanlagen und ein Erdölbohrturm abgebildet als Sinnbilder der sich entwickelnden Industrie Algeriens. Das Wappen ist in arabischer Sprache mit der Staatsbezeichnung „Demokratische Volksrepublik Algerien" umschrieben.

✴ Andorras Wappen führt zu einem päpstlichen Schiedsspruch im Jahre 1278 zurück. Damals erfolgte eine Teilung der Herrschaftsrechte zwischen dem Grafen von Foix und dem Bischof von Seo de Urgel (Katalonien). Deshalb ist der Wappenschild unter der Krone des Grafen von Foix geviert. Das erste Feld verweist mit Mitra und Krummstab auf den Bischof von Seo de Urgel. Die drei roten Pfähle in dem gelben zweiten Feld stehen für den Grafen von Foix, die beiden roten Rinder im vierten Feld für Béarn (1290 an die Grafen von Foix). Die Rechte der Grafen von Foix gingen auf die Könige von Navarra und mit Heinrich IV. (1589–1610) auf Frankreich über; heute werden sie vom Präsidenten der Französischen Republik ausgeübt. Die vier roten Pfähle im gelben dritten Feld sollen aus der katalanischen Herrschaft des Grafen von Foix stammen und die katalanische Bevölkerung Andorras repräsentieren.

Unter dem Wappenschild findet man oft ein Band mit der Aufschrift „VIRTUS UNITA FORTIOR" (Vereinte Kraft ist stärker).

Die heute gültige Nationalflagge Andorras wurde 1866 eingeführt. Dabei wurde den Farben der Grafen von Foix – Rot und Gelb – ein blauer Streifen hinzugefügt, so daß die spanischen und die französischen Herrschaftsrechte durch je zwei Farbstreifen deutlich gemacht werden – Blau und Rot für Frankreich sowie Gelb und Rot für Spanien.

Staatswappen

Nationalflagge

Staatswappen

✳ Das Wappen der Volksrepublik Angola zeigt über einem aufgeschlagenen Buch, dem Zeichen der Bildung und des Wissens, die rote, aufgehende Sonne der neuen Gesellschaft, die Sonnenstrahlen belegt mit den kreuzweise angeordneten Symbolen des Freiheitskampfes und der friedlichen Arbeit — dem Buschmesser und der Hacke. Über ihnen der gelbe, fünfstrahlige Stern der Unabhängigkeit, der bereits aus der Flagge der Befreiungsbewegung Angolas, der MPLA, bekannt ist. Umrahmt wird diese Darstellung von Mais- und Baumwollpflanzen als Zeichen der Landwirtschaft auf der einen Seite und einem halben Zahnkranz als Symbol der sich entwickelnden Industrie.

Die Farbgebung der Nationalflagge — gültig seit der Proklamation der Unabhängigkeit des Landes im Jahre 1975 — folgt dem Vorbild der Flagge der MPLA. Auf einem rot und schwarz horizontal geteilten Flaggentuch befindet sich der gelbe, fünfstrahlige Stern der Unabhängigkeit, schützend umschlossen von einem halben Zahnkranz, der den Fleiß des werktätigen Volkes verkörpert und diagonal mit dem Buschmesser belegt ist zur Erinnerung an die Männer, die am 4. Februar 1961 den bewaffneten Befreiungskampf begannen.

Nationalflagge

✳ Das 1493 von Christoph Kolumbus entdeckte Antigua – mit den dazu gehörenden Inseln Barbuda und Redonda Teil der Leewardinseln in den Kleinen Antillen – besitzt ein sehr kompliziertes Wappen. Es wurde 1967 von Großbritannien verliehen. Auf dem Wappenschild leuchtet eine aufgehende, goldene Sonne im schwarzen Schildhaupt, während im Mittelteil, der auf blauem Grund weiße Wellenbalken trägt, ein hellbrauner Turm auf dem grünen Schildfuß steht. Der Turm verkörpert die Hauptstadt Saint John's, die wegen ihrer Lage und der günstigen natürlichen Bedingungen lange Zeit britischer Haupthafen im Bereich der Westindischen Inseln war. Die Sonne mit ihren Strahlen ist Ausdruck einer neuen Zeit in der Entwicklung des Inselstaates, die 1967, als Antigua den Status eines mit Großbritannien assoziierten Staates erhielt, ihren Anfang nahm und 1981 in die Unabhängigkeit mündete. Der schwarze Hinter-

Staatswappen

Nationalflagge

grund des Schildhauptes verweist auf die afrikanische Herkunft der Mehrheit der Bevölkerung, die Nachfahren ehemaliger Negersklaven sind.

Die weißen Wellenbalken auf blauem Grund symbolisieren das die drei Inseln umgebende und verbindende Meer und die sonnigen Strände der Inseln.

Schildhalter sind zwei Hirsche, von denen der eine einen pfahlweise gestellten Zuckerrohrstengel, der andere eine gleicherweise angeordnete blühende Agave hält.

Zum Oberwappen gehören ein Helm mit blau-weißen Helmdecken, darüber eine Ananas, neben der zu beiden Seiten je zwei rote Orchideen dargestellt sind. Die Früchte, landwirtschaftlichen Erzeugnisse und Blüten des Wappens verkörpern anschaulich die tropisch reiche Vegetation der Inseln und ihre Hauptprodukte. Schild, Pflanzen und Hirsche ruhen auf einem grünen, grasbewachsenen Fundament, darunter befindet sich ein Band mit dem Wahlspruch „EACH ENDEAVOURING – ALL ACHIEVING" (Wenn jeder sich anstrengt, haben alle Erfolg).

Die Flagge Antiguas wurde wie das Wappen 1967 geschaffen und besteht aus einem roten Flaggentuch, in das ein großes, mehrfach horizontal geteiltes, gleichschenkliges Dreieck mit einer Spitze nach unten bis zur Mitte der Unterkante reicht. In diesem Keil ist der untere Teil, ein Dreieck, weiß, darüber befindet sich ein Trapez von blauer Farbe, aus dem eine goldene strahlende Sonne in das die gesamte Oberkante einnehmende schwarze Trapez aufgeht.

Die Farben der Flagge entsprechen in ihrer Symbolik denen des Wappens. Die rote Grundfarbe der Flagge ist Sinnbild der Tatkraft der Menschen dieses Staates, deren Hoffnung auf eine bessere Zukunft auch in dem blauen Trapez im Zentrum der Flagge ihren Ausdruck findet.

Staatswappen

✳ Das Wappen der Republik Äquatorial-Guinea wurde mit der Unabhängigkeitserklärung 1968 eingeführt. Es zeigt einen Seidenbaum, auch Gottesbaum genannt, der sich schon früher im Wappen von Bata, dem Verwaltungszentrum des Festlandsteils Mbini (früher Río Muni), befand. Unter einem solchen Baum soll König Bonkoro das Land an die Spanier übergeben haben. Andere Quellen schreiben von einem Mangrovenbaum, der auf die Bedeutung der Land- und Forstwirtschaft für die Entwicklung des Landes hinweisen soll. Die über dem silbernen Wappenschild abgebildeten sechs Sterne stehen für die fünf Inseln und das Festlandsgebiet Mbini, aus denen

National- und Handelsflagge

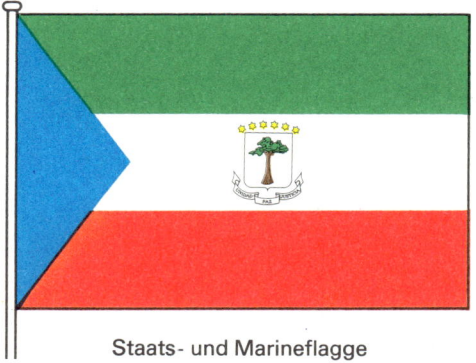

Staats- und Marineflagge

die Republik Äquatorial-Guinea besteht. Unter dem Wappenschild befindet sich ein Band mit dem Wahlspruch „UNIDAD PAZ JUSTICIA" (Einheit, Frieden, Gerechtigkeit).

Die Nationalflagge, gleichfalls 1968 eingeführt, weist drei gleichbreite, horizontale Streifen Grün über Weiß über Rot mit einem blauen Dreieck am Liek auf.

Der grüne Streifen steht für die Fruchtbarkeit des Landes und den Urwald, der weiße für den Frieden, und der rote erinnert an die Opfer im Kampf für die Unabhängigkeit. Blau ist das Symbol des Meeres, das die Inseln umgibt und die einzelnen Landesteile miteinander verbindet.

Staatswappen

✳ Die Gestaltung des Wappens der Republik Argentinien wurde 1813 von der Verfassunggebenden Versammlung beschlossen. Es zeigt auf den Farben der Vereinigten Provinzen am Río de la Plata – Blau und Weiß – eine Freiheitsmütze und darüber die Maiensonne (sol de mayo). Diese Bezeichnung erinnert an die Mairevolution vom 25.5.1810 gegen die spanische Herrschaft, die zur Bildung einer Junta und der Ausrufung der Unabhängigkeit führte. An diesem Tag soll die Sonne in Buenos Aires die Wolken durchbrochen haben, und das Volk betrachtete das als gutes Omen.

Im unteren Teil des Wappens sind zwei ineinandergreifende Hände als Zeichen der nationalen Einigkeit zu sehen, die gleichzeitig die Stange mit der Freiheitsmütze halten und somit die Brüderlichkeit im Interesse der Freiheit des Landes zum Ausdruck bringen. Die in Inkatradition gestaltete Maiensonne ist ein weiteres Zeichen der Freiheit. Der die Hände und die Freiheitsmütze umschließende Lorbeerkranz,

National- und Handelsflagge

Staats- und Marineflagge

über dem sich die Sonne erhebt, soll den siegreichen Kampf um die Unabhängigkeit des Landes versinnbildlichen.

Die Flagge Argentiniens zeigt in horizontalen Streifen die Farben Blau über Weiß über Blau. Sie geht auf einen Entwurf General Manuel Belgranos zurück, der 1810 bis 1813 Argentinien von der spanischen Herrschaft befreite und die Flagge am 27. Februar 1812 in der Stadt Rosario am Ufer des Paraná zum ersten Mal hißte.

Die Staatsflagge trägt in der Mitte des weißen Streifens die im Staatswappen abgebildete Maiensonne (sol de mayo) mit 32 abwechselnd geflammten und geraden Strahlen.

Präsidentenflagge

★ Am 13. September 1987 wurde das Wappen der am Vortag proklamierten Volksdemokratischen Republik Äthiopien in seinen Details festgelegt. Das Wappen besteht aus einem blauen Kreis, der den Wunsch nach Frieden und Wohlergehen der Menschen zum Ausdruck bringen soll. Er trägt oben in amharischer Schrift die Staatsbezeichnung „Volksdemokratische Republik Äthiopien". Darunter liegt auf einer roten Kreisscheibe ein gelber, fünfstrahliger Stern, der den Kampf des äthiopischen Volkes für den Aufbau einer neuen Gesellschaft symbolisiert. Das Rot des Kreises steht für die Arbeit, die Opferbereitschaft und das Heldentum, das Gelb des Sterns für Hoffnung, Gerechtigkeit und Gleichheit. Die von dem Stern ausgehenden, die ganze blaue Fläche durchziehenden gelben Strahlen sollen darauf hindeuten, daß sich das äthiopische Volk eine gerechte öffentliche Verwaltung geschaffen hat. Eine unter dem Stern abgebildete Stele erinnert an das im 1. Jahrhundert entstandene Aksumitische Reich mit seiner Hauptstadt Aksum, die älteste Staatengründung auf dem Boden des heutigen Äthiopiens. Die Stele ragt, von einem Gewehrlauf und einer Speerspitze flankiert, hinter einem Zahnrad hervor, das die dominierende Position im unteren Teil des Wappens einnimmt. In diesem Ensemble von Symbolen finden die lange Geschichte des Landes, seine Zivilisation und sein kulturelles Erbe ihre Widerspiegelung. Es bringt aber auch die Bedeutung der industriellen Entwicklung für das Wohl des Landes zum Ausdruck, dessen Söhne und Töchter in Vergangenheit, Gegenwart und Zukunft die Unabhängigkeit und Einheit des Landes bewahrten und bewahren werden.

Staatswappen

National- und Handelsflagge

Den unteren Abschluß des von Oliven- und Palmenzweigen an den Seiten umfaßten Wappens bildet ein rotes Band mit der Darstellung eines Löwenkopfes. In den mit Früchten besetzten Olivenzweigen und den Palmenzweigen findet die Siegeszuversicht des Friedenskampfes ihre Verkörperung, während das rote Band Sinnbild der Kraft, des Heldentums und der Unbesiegbarkeit des Volkes ist. Dies wird durch die Darstellung des Löwenkopfes — seit alten Zeiten in Äthiopien Symbol der Stärke und der Freiheit — bekräftigt.

Die in der Verfassung vom 12. September 1987 bestätigte Nationalflagge Äthiopiens zeigt die seit 1894 als Nationalfarben bekannten drei horizontalen Streifen Grün über Gelb über Rot. Über die Bedeutung der Farben gibt es in der Literatur mehrere Versionen. Eine sieht in ihnen die Dreifaltigkeit des christlichen Glaubens (etwa 50 % der Landesbewohner bekennen sich zur koptisch-orthodoxen Kirche); nach einer anderen repräsentieren sie Glauben, Hoffnung und Barmherzigkeit. In der Proklamation Nr. 3 vom 13. September 1987 werden folgende Bedeutungen angegeben: Das Grün symbolisiert Fruchtbarkeit, Geduld, Frieden, Sieg und Erfolg. Die gelbe Farbe verkörpert Hoffnung und Gerechtigkeit und steht zugleich für Gleichheit und Aufklärung; Rot ist Sinnbild der Arbeit, der Opferbereitschaft und des Heldentums.

Die Flagge des Präsidenten trägt im Zentrum das Staatswappen. Sie ist an den drei vom Mast abgewandten Seiten mit goldenen Fransen besetzt.

Präsidentenflagge

✳ Das Wappen wurde Australien im Jahre 1912 durch den britischen König Georg V. verliehen. Der Hermelinrand des Wappenschildes symbolisiert die Föderation der sechs Bundesstaaten, die auf den sechs Feldern des Wappens mit ihren Symbolen (badges) vertreten sind.

Das erste Feld trägt auf weißem Grund ein rotes Georgskreuz, besetzt mit einem goldenen Löwen und vier siebenstrahligen Sternen für Neusüdwales.

Im zweiten Feld symbolisiert auf weißem Grund das Kreuz des Südens mit seinen fünf weißen Sternen die Lage Australiens auf der südlichen Halbkugel. Die goldene Krone über den Sternen verweist auf Königin Victoria (1837–1901), nach der der Bundesstaat Victoria seinen Namen erhielt.

Im dritten Feld befindet sich auf weißem Grund ein mit einer den Namen des Bundesstaates Queensland repräsentierenden Königskrone belegtes hellblaues Malteserkreuz.

Auf dem vierten Feld ist auf sandfarbenem Grund ein schwarz-weißer Pfeifender Würger (gymnorhina tibicen), von den Australiern Magpie genannt, abgebildet. Er vertritt Südaustralien.

Das fünfte Feld wird von einem schwarzen Schwan auf sandfarbenem Grund eingenommen, der für Westaustralien steht.

Staatswappen

Nationalflagge

Handelsflagge

Marineflagge

Das sechste Feld schließlich trägt für Tasmanien einen roten, schreitenden Löwen auf weißem Grund.

Über dem Schild schwebt ein Wulst in den Farben Blau und Gold, auf dem ein goldener, siebenstrahliger Stern steht – sechs Strahlen für die einzelnen Bundesstaaten, der siebente für die beiden Territorien. Das goldene Akaziengerank sowie die Schildhalter, ein Känguruh und ein Emu, stehen stellvertretend für Flora und Fauna des Landes.

Die 1901 geschaffene, seit 1909 offiziell gebräuchliche, aber erst 1954 von der britischen Königin – dem Staatsoberhaupt Australiens – bestätigte Nationalflagge entstand aus der britischen Dienstflagge (blue ensign). Sie zeigt als Gösch die britische Flagge (union flag) und darunter auf dem blauen Flaggentuch den großen, siebenstrahligen Stern der australischen Föderation. Auf der Flugseite der Flagge bringen die fünf weißen Sterne des Kreuzes des Südens die geographische Lage Australiens südlich des Äquators zum Ausdruck.

Die Marineflagge Australiens, eine Farbumkehrung der Nationalflagge, wurde 1967 eingeführt, als sich Australien, im Gegensatz zu Großbritannien, am Aggressionskrieg gegen Vietnam beteiligte.

Staatswappen

✴ Im Zentrum des 1971 verliehenen Wappens des Commonwealth der Bahamas erinnert ein der legendären „Santa Maria" nachempfundenes Segelschiff an Kolumbus, der 1492 die Inseln entdeckte und hier erstmals den Boden des amerikanischen Kontinents betrat. Das Schiff schwimmt auf blauen Wellen, die die klaren Gewässer des Archipels darstellen, und darüber erscheint eine strahlende Sonne, stellvertretend für das günstige, sonnige Klima der Region. Das Oberwappen zeigt über einem goldenen Spangenhelm und hellblau-goldenen Helmdecken eine Seemuschel von hellem Rosa sowie grüne Palmwedel als Symbole der maritimen Lage und der Fruchtbarkeit der rund 700 Inseln — allerdings sind nur 29 ständig bewohnt —, die zusammen mit über 2000 Riffen das Commonwealth der Bahamas bilden.

Nationalflagge

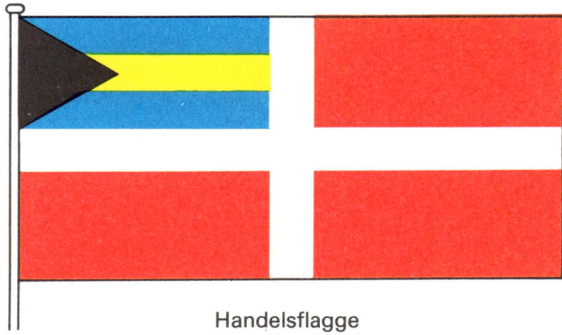

Handelsflagge

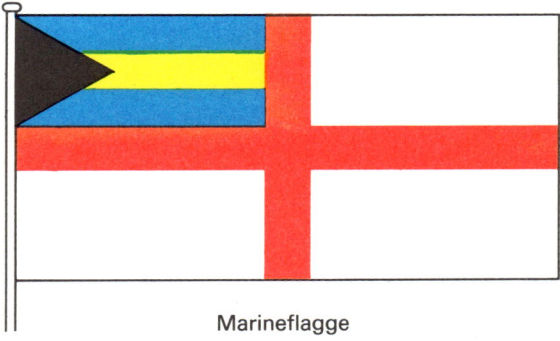

Marineflagge

Der Wappenschild ruht auf einem Fundament, gespalten in Wellen auf der einen Seite, aus denen ein Merlin als Schildhalter springt, und Sumpfland auf der anderen Seite, auf dem ein Flamingo, der andere Schildhalter, steht. Sie vertreten im Wappen die reiche Tierwelt des Meeres und der Inseln. Das Fundament ist belegt mit dem Wahlspruch: „FORWARD UPWARD ONWARD TOGETHER" (Vorwärts, aufwärts, miteinander voran).

Die Flagge der Bahamas, mit Erlangen der Unabhängigkeit 1973 offiziell eingeführt, zeigt einen goldenen Streifen, der die gelben Strände der Inseln repräsentiert. Über und unter ihm befindet sich je ein ultramarinblauer Streifen, der das die Inseln umgebende Meer darstellt. Ein schwarzes Dreieck am Liek der Flagge deutet auf die afroamerikanische Mehrheit der Bevölkerung hin und symbolisiert zugleich Kraft und Stärke des bei der Nutzung der Reichtümer des Landes und des Meeres einheitlich handelnden Volkes.

Staatswappen

✻ Die Bahreininseln waren in vorislamischer Zeit ein wichtiger Handelsplatz, von den Kaufleuten als Vermittler solcher Waren wie Perlen, Stoffe, Elfenbein und Edelmetalle genutzt. Im 16. Jahrhundert gerieten die Inseln unter portugiesische und zu Beginn des 17. Jahrhunderts unter persische Herrschaft. 1782 eroberten arabische Stämme von Kuweit aus die Bahreininseln, die seitdem ein arabisches Scheichtum sind. Britische Truppen besetzten 1820 Bahrein, danach wurde es britisches Protektorat. 1971 proklamierte Scheich Isa Ibn Salman al-Khalifa die Unabhängigkeit der Inseln als Staat Bahrein.

Das Rot der Flagge von Bahrein geht auf eine rote Flagge zurück, die in den Scheichtümern am Persischen Golf bereits im 18. Jahrhundert aufkam. Der Generalvertrag von 1820 mit Großbritannien sah vor, die Flagge als Zeichen der Friedfertigkeit der Staaten und zur leichteren Unterscheidung von Piratenflaggen mit einem weißen Rand zu versehen. Im Laufe der Jahrzehnte wurde dieser Rand auf einen senkrechten weißen Streifen am Liek reduziert.

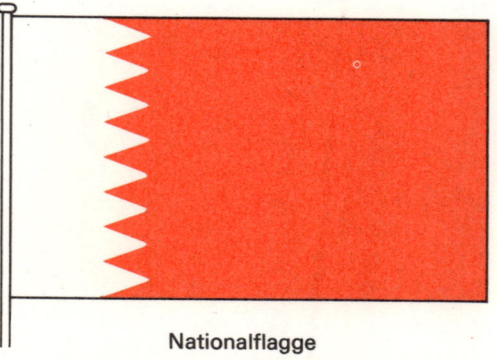

Nationalflagge

Wappen des Emirs

Die Flagge des Herrschers von Bahrein zeigt den weißen Rand auch noch heute an der Oberkante und der Unterkante.

Während früher eine gerade Trennungslinie zwischen den beiden Farben gebräuchlich war, ist im Laufe der Jahre die gezackte Trennungslinie mit acht Zacken allgemein üblich geworden, wahrscheinlich, um eine Verwechslung mit ähnlichen Flaggen in der Region zu verhindern.

In den dreißiger Jahren des 20. Jahrhunderts wurde das Wappen von Bahrein nach europäischen Vorbildern entworfen. Es wiederholt in einem geteilten Schild die Farben der Flagge. Der rote Schild trägt ein weißes Schildhaupt. Die Trennungslinie zwischen beiden Farben ist wie in der Flagge gezackt, jedoch wurde die Zahl der Zacken auf drei verringert.

Den europäischen Einfluß zeigen die über dem Wappenschild, allerdings ohne Helm, angebrachten Helmdecken in den Farben Weiß und Rot, die im Wappen des Emirs hinter einer Krone hervorkommen.

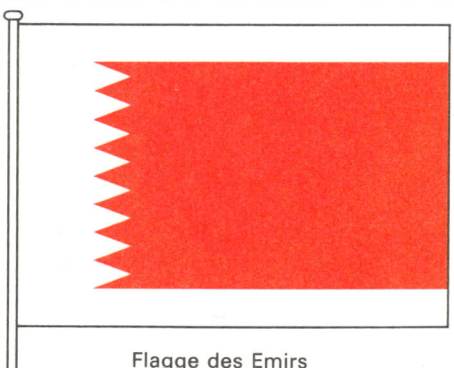

Flagge des Emirs

✳ Das Wappen der Volksrepublik Bangladesh zeigt eine Wasserlilie (Schapla), umgeben von zwei Padi-Ähren, stellvertretend für den Reis, das wichtigste landwirtschaftliche Erzeugnis des Landes und Hauptnahrungsmittel seiner Bewohner. Die Wellenlinien unterhalb der Schapla deuten auf den Wasserreichtum des Landes hin, von dessen Territorium drei Viertel durch das Ganges-Brahmaputra-Delta eingenommen werden. Über der Wasserlilie verweisen drei Teeblätter auf ein anderes wichtiges Landwirtschaftserzeugnis, das in den höher gelegenen Landesteilen angebaut wird. Beiderseits der Teeblätter verteilt, symbolisieren insgesamt vier Sterne die gesellschaftlichen und wirtschaftlichen Ziele der nationalen Entwicklung.

Die 1972 eingeführte Nationalflagge zeigt einen roten Kreis auf grünem rechteckigem Flaggentuch. Der rote Kreis stellt die Sonne der Unabhängigkeit dar, errungen in blutigem Kampf, der langjähriger Unterdrückung ein Ende setzte. In dem grünen Flaggentuch sind der Geist der Jugend und die grünen Weiten des fruchtbaren Bengalens versinnbildlicht.

Die Handelsflagge trägt nach britischem Vorbild auf einem roten Flaggentuch die Nationalflagge als Gösch.

Staatswappen

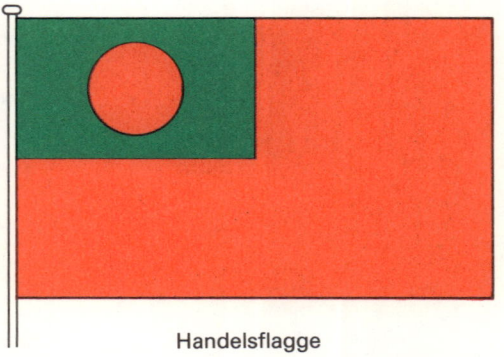

Handelsflagge

Nationalflagge

Staatswappen

✴ Mit der Unabhängigkeit im Jahre 1966 erhielt Barbados auch sein Wappen. Da die Portugiesen auf der um 1520 entdeckten Insel häufig auf Feigenbäume (ficus barbata) trafen, leiteten sie von dieser lateinischen Bezeichnung den Namen der Insel ab, die den Feigenbaum heute auf ihrem Wappenschild führt. Rechts und links oberhalb des Feigenbaumes befinden sich zwei rote Orchideen „Roter Stolz von Barbados", die das tropische Klima und die geographische Lage der Insel unweit des Äquators andeuten. Das Oberwappen zeigt einen Stechhelm mit gelb-roten Helmdecken und einen gleichfarbenen Wulst, aus dem eine braune Hand – über 75% der Bewohner der Insel sind Afroamerikaner – zwei Zuckerrohrstengel gekreuzt in die Höhe reckt. Zuckerrohr ist das Haupterzeugnis der Landwirtschaft von Barbados (Monokultur). Die Schildhalter, ein Delphin und ein Pelikan, symbolisieren die enge Verbindung der Insel mit dem sie umgebenden Meer. Der Wahlspruch unterhalb der Wappendarstellung lautet: „PRIDE AND INDUSTRY" (Stolz und Fleiß).

Auch die Flagge von Barbados bezieht sich in ihren Farben und Symbolen auf die geographische Lage der Inselrepublik. Die blauen Streifen verkörpern das Meer und den südlichen Himmel, während der gelbe senkrechte Streifen in der Mitte der Flagge den Sand der Strände darstellt. Der Dreizack, mythisches Symbol des Meeresgottes Neptun, verweist erneut auf die maritime Lage des Landes. Sein gebrochener Schaft soll den Bruch mit den historischen und konstitutionellen Banden der Vergangenheit, den Bruch mit der Tradition der Kolonialzeit zum Ausdruck bringen.

Nationalflagge

Belgien

✳ Der Löwe im Wappen des Königreiches Belgien entstammt dem Wappen des Herzogtums Brabant, derjenigen Provinz, in der 1789 der Unabhängigkeitskampf gegen die Habsburger in den damaligen österreichischen Niederlanden begann. Über dem Wappenschild liegt die belgische Königskrone. Den Schild umschlingt die Kette des Leopoldordens, die die Königskrone, den Löwen und die Initialen „LR" (Leopold Rex) als Kettenglieder zeigt und an der das Ordenskreuz hängt. Hinter dem Schild sind zwei Zepter als Zeichen der Macht gekreuzt, die an ihrer Spitze einen Löwen bzw. eine Hand der Gerechtigkeit tragen. Das Band unterhalb des Wappenschildes zeigt in französischer und flämischer Sprache den Wahlspruch „L'UNION FAIT LA FORCE – EENDRACHT MAAKT MACHT" (Einigkeit macht stark).

Auch die Nationalflagge hat eine lange Tradition. Bereits der Aufstand von 1789 brachte eine schwarz-gelb-rot gestreifte Flagge hervor, die damals jedoch horizontale Streifen zeigte. Verschiedene Quellen führen die Farben auf das Wappen von Brabant (Brabanter Farben) zurück, andere auf die Farben der Flaggen der Hauptprovinzen: Hennegau rot-gelb; Brabant gelb-schwarz und Flandern schwarz-gelb. Manche Quellen deuten die Farben folgendermaßen: Schwarz steht für die Kraft, Gelb für die Reife und Kraftfülle, die aus der Weisheit erwächst, und Rot ist das Zeichen des durch Mut, Kühnheit und Opferbereitschaft errungenen Sieges.

Nach der Unabhängigkeitserklärung von 1830 bestätigte der belgische Nationalkongreß im Jahre 1831 die Flagge mit den seither senkrechten Farbstreifen.

Staatswappen

Nationalflagge

Handelsflagge

Marineflagge

Flagge der Regierungs- und Hilfsschiffe

Königsflagge

* Das frühere Britisch-Honduras wurde 1973, als es seine Unabhängigkeit erlangte, in Belize umbenannt, behielt aber mit geringen Abänderungen das bereits 1907 der damaligen Kolonie verliehene Wappen bei. Sein Wappenschild weist eine Göpelteilung auf. Im ersten und zweiten Feld erinnern Axt und Säge bzw. Axt und Paddel an die reichen Edelholzbestände, die auf den Flüssen zum Meer geflößt wurden. Im unteren Feld ist ein Schiff unter vollen Segeln auf den Wellen des Meeres dargestellt. Schildhalter sind zwei Afroamerikaner, die eine Axt bzw. ein Paddel geschultert haben. Das Oberwappen bildet ein naturfarbener Mahagonibaum, auch er erinnert an den einstigen Reichtum an Edelhölzern in den Wäldern des Landes. Schild und Schildhalter stehen auf einem Band mit der lateinischen Inschrift „SUB UMBRA FLOREO" (Unter [deinem] Schatten gedeihe ich).

Die Flagge Belizes ist azurblau mit je einer schmalen roten Kante an der Ober- und Unterseite. Im Zentrum befindet sich ein weißer Kreis, besetzt mit einem Kranz aus Olivenblättern, in dessen Mitte das Wappen abgebildet ist.

Staatswappen

Nationalflagge

Staatswappen

★ Im Zentrum des Wappens der Volksrepublik Benin werden die Hauptelemente der Nationalflagge wiedergegeben. Das Grün, von dem das ganze Zentrum gefüllt wird, unterstreicht die Bedeutung der Landwirtschaft als Grundlage der nationalen Wirtschaft. Der im oberen Teil aufgelegte fünfstrahlige Stern von roter Farbe verkörpert die nationale Einheit der revolutionären Kräfte beim Aufbau der neuen Gesellschaft. Umgeben wird diese Darstellung von Maiskolben als Symbolen der landwirtschaftlichen Produktion und einem halben Zahnrad, stellvertretend für die sich entwickelnde Industrie des Landes.

Das die Maiskolben und das Zahnrad verbindende rote Band trägt die Initialen „RPB" = République Populaire du Benin (Volksrepublik Benin).

Die Nationalflagge wurde gemeinsam mit dem Wappen bei der Proklamation der Volksrepublik 1975 eingeführt. Sie trägt auf dem grünen Flaggentuch in der am Liek befindlichen Oberecke den roten, fünfstrahligen Stern, der auch im Wappen dominiert.

Nationalflagge

✱ Wappen und Flagge des Königreiches Bhutan sind vom buddhistischen Symbolismus geprägt und zeigen einen starken tibetischen Einfluß. Dieses ziemlich abgeschlossene Bergland im östlichen Himalaja, in der Sprache seiner Bewohner „Land der Drachen" genannt, zeigt in der Mitte seines Wappens zwei stilisierte Donnerkeile, gekreuzt, das sog. Dorji Gyatum. Die Bhutaner fassen den Donner als Sprache der Drachen auf. Die gekreuzten Donnerkeile sind Zeichen der Macht und der Autorität. Um sie winden sich zwei flügellose Drachen, die oben gemeinsam den dreifachen Edelstein der buddhistischen Philosophie halten, der das Feuer verkörpern soll.

Die runde Form des Wappens läßt sich mit der buddhistischen Vorstellung vom Universum erklären.

Ungewöhnlich gestaltet ist auch die Nationalflagge. Die Flagge ist von der Unterecke am Liek zur Oberecke am fliegenden Ende diagonal geteilt und zeigt eine gelbe Oberhälfte über einer roten Unterhälfte. Die gelbe Oberhälfte wird als Symbol der Autorität des Königs angesehen, der die religiösen und weltlichen Angelegenheiten des Landes leitet, während die rote Unterhälfte für die geistliche Macht des Buddhismus steht, der in Bhutan in Gestalt des tibetischen Lamaismus vorherrschende Religion ist. Der weiße Drache, der nach hinten aus der Flagge herausschaut, also auf der Trennungslinie zwischen den beiden Farbteilen liegt, gilt als Zeichen der Redlichkeit, als Symbol des Landes der Drachen, und trägt in der einen Vorderpranke das „Ei der Gelehrsamkeit und der Weisheit", in der anderen eine Muschel.

Staatswappen

Detail des Staatswappen

Nationalflagge

Staatswappen

✷ Der für seine Silbervorkommen bekannte Berg Potosí bildet den Mittelpunkt des Wappens der Republik Bolivien und verweist auf den großen Mineralreichtum des Landes, das der zweitgrößte Zinnproduzent der Welt ist. Die Fruchtbarkeit des Landes sowie seine landwirtschaftlichen Erzeugnisse finden in dem Alpaka, dem Brotfruchtbaum und der Weizengarbe ihren Ausdruck. Die Sonne, aus dem argentinischen Wappen als „sol de mayo" bekannt, ist auch im bolivianischen Wappen republikanisches Freiheitssymbol. Am unteren Rand des hochovalen Wappenschildes stehen auf blauem Grund neun goldene Sterne, je einer für jedes Departement des Landes. Der seine Schwingen schützend über das Wappen breitende Kondor verkörpert die geographische Lage Boliviens als Andenland und bringt zugleich die Unabhängigkeit des Landes zum Ausdruck. Kanonen, Gewehre, Axt und Freiheitsmütze (phrygische Mütze), die gemeinsam mit bolivianischen Flaggen gekreuzt angeordnet sind und hinter dem Wappenschild hervorragen, sind Symbole des Freiheitswillens, der republikanischen Gesinnung und der Vaterlandsliebe der Bolivianer. Sie erinnern an den Freiheitskampf gegen die spanische Herrschaft in den Jahren 1809 bis 1825.

Im Jahre 1825 wurde eine horizontal gestreifte Nationalflagge mit den Farben Grün-Rot-Grün angenommen. Bereits 1826 wurde jedoch der obere grüne Streifen durch einen gelben ersetzt. Gelb, seit 1851 in der Mitte zwischen Rot und Grün angeordnet, ist die traditionelle Farbe der Inkas und steht zugleich für die reichen Bodenschätze des Andenlandes und deren Bedeutung in der nationalen Wirtschaft. Der rote Farbstreifen symbolisiert den Nationalstolz sowie das Blut und die Hingabe der Freiheitskämpfer, die Liebe der Bürger zu ihrer Heimat. Grün verkörpert die Hoffnung, den Fortschritt und die Entwicklung des Landes.

National- und Handelsflagge

Staats- und Präsidentenflagge

Staatswappen

✳ Mittelpunkt des Wappens der Republik Botswana ist ein silberner afrikanischer Schild. Im Schildhaupt verweisen drei graue Zahnräder auf die Notwendigkeit, im Lande eine nationale Wirtschaft zu schaffen. Mit ihrem Ineinandergreifen sind sie gleichzeitig symbolische Widerlegung der südafrikanischen Apartheid-Politik, denn sie demonstrieren die Möglichkeit und die Notwendigkeit der Zusammenarbeit von Menschen unterschiedlicher Hautfarbe.

Darunter weisen drei blaue Wellenlinien auf das Hauptproblem des Landes hin, die Sicherung der Wasserversorgung, denn fast 80 % seines Territoriums werden von der wasserlosen Kalaharisenke eingenommen. Die nordöstlichen Landesteile dagegen

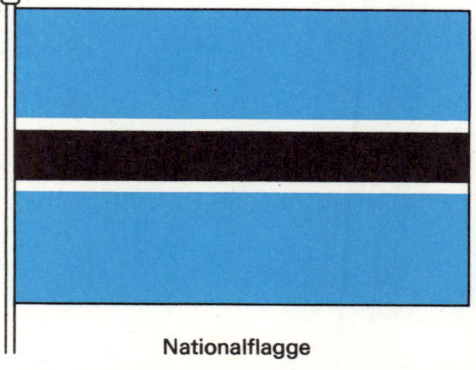

Nationalflagge

sind fruchtbar und bieten Möglichkeiten für die landwirtschaftliche Produktion, vor allem für die Viehzucht, die durch den Stierkopf im Wappen ihren Ausdruck findet. Für die Landwirtschaft steht auch der Sorghumstengel, eine Hirseart, die in Botswana und vielen anderen afrikanischen Ländern angebaut wird. Die Fauna des Landes findet ihren Ausdruck in den beiden, den Wappenschild haltenden Zebras, von denen das eine einen Elefantenstoßzahn hält, während das andere den Sorghumstengel präsentiert.

Unterhalb des Schildes befindet sich auf einem blauen Band das Wort „PULA". Es kommt aus dem Tswana und bedeutet Regen, aber auch Lebenssaft, ist also ein weiter Begriff für Wasser, mit dem dessen Bedeutung für das Leben der Menschen und die Entwicklung des Landes hervorgehoben wird.

Die Flagge symbolisiert in ihren Farben den blauen Himmel über diesem Land im südlichen Afrika, der sich im Wasser widerspiegelt, ein deutlicher Hinweis auf die Rolle, die Regen und Wasser im Leben der Menschen spielen. Der schwarze Mittelstreifen verkörpert die Mehrheit der Bevölkerung des Landes, die zu 94% aus Betschuanen besteht, Angehörigen einer Völkerschaft, die zur Bantu-Sprachfamilie gezählt wird. Die schmalen weißen Streifen beiderseits des Mittelstreifens symbolisieren die Möglichkeit friedlichen Neben- und Miteinanders von Menschen unterschiedlicher Hautfarbe. Hellblau, das in der Flagge den Himmel, das Wasser und den Regen versinnbildlicht, gilt auch als Farbe der Hoffnung, während Weiß das Gerechtigkeitsgefühl und die Aufrichtigkeit der afrikanischen Menschen zum Ausdruck bringen soll.

Präsidentenflagge

✶ Das 1889 geschaffene Wappen der Föderativen Republik Brasilien zeigt heute eine hellblaue Kreisscheibe, das Himmelsgewölbe, auf der fünf silberne Sterne das Kreuz des Südens bilden. Der umgebende hellblaue Ring trägt zweiundzwanzig Sterne für die Bundesstaaten. Kreis und Ring ruhen auf einem fünfstrahligen, gelb-grün facettierten Stern, der die Einheit des Staates symbolisieren soll. Er ist mit einem Kranz aus Kaffee- und Tabakblättern, traditionellen landwirtschaftlichen Landesprodukten, und einer Strahlenkorona unterlegt. Für den Schutz der Unabhängigkeit des Landes steht das unter dem Stern hervorragende, pfahlweise gestellte Schwert. Das Band unterhalb des Wappens trägt den Namen des Staates „REPÚBLICA FEDERATIVA DO BRASIL" und das Datum der Ausrufung der Republik „15 de Novembro de 1889".

Die Grundfarben der Flagge, grünes Rechteck mit aufgesetztem liegendem, gelbem Rhombus, gehen auf eine Flagge zurück, die mit Erlangen der Unabhängigkeit 1822 angenommen wurde. Grün steht stellvertretend für die Urwälder und die Fruchtbarkeit des großen Landes, Gelb für die reichen Bodenschätze. Die Rhombusform soll an einen Diamanten erinnern. Auf dem Rhombus liegt ein blauer Kreis, der auf einem diagonal von links nach rechts geneigten, weißen Bogen den Wahlspruch „ORDEM E PROGRESSO" (Ordnung und Fortschritt) trägt. Unterhalb des Bogens sind dreiundzwanzig Sterne angebracht, je einer von ihnen für einen Bundesstaat, der dreiundzwanzigste für die Bundesterritorien (allerdings wurde die Verwaltungsgliederung inzwischen in dreiundzwanzig Bundesstaaten und drei -territorien geändert). Zusammen stellen sie den südlichen Sternenhimmel dar. Oberhalb des Bogens befindet sich nur ein Stern, er ist das Symbol für den Bundesdistrikt der Hauptstadt.

Staatswappen

Präsidentenflagge

National-, Handels- und Marineflagge

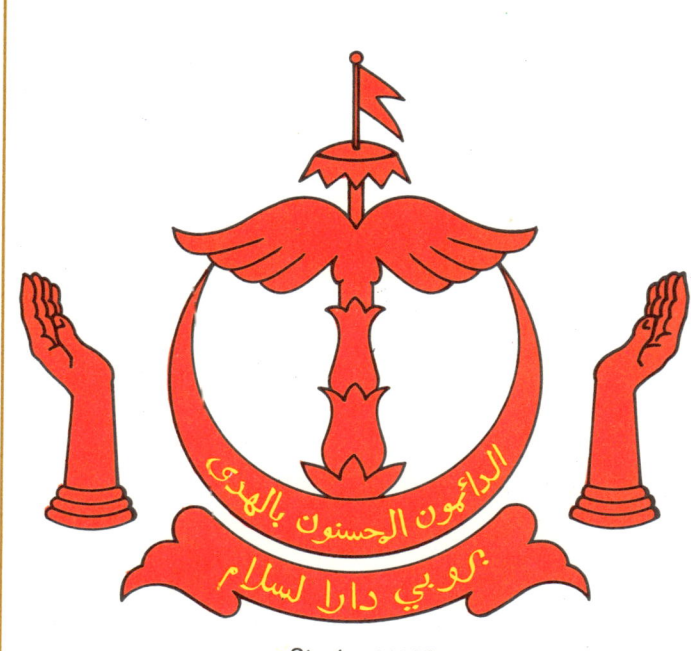

Staatswappen

★ Das heute gültige Staatswappen des Staates Brunei Darussalam war früher das persönliche Wappen des Sultans. Es stammt in seinen Ursprüngen aus dem frühen 15. Jahrhundert, aus der Herrschaftszeit des dritten Sultans von Brunei, Sharif Ali. Die Darstellung ist rot, während die Inschriften gelb sind. Flagge und Sonnenschirm sind alte königliche Symbole. Die beiden Schwingen darunter, jede mit vier Federn, symbolisieren die Gewährleistung von Gerechtigkeit, Ruhe, Wohlstand und Frieden im Lande. Der Halbmond ist das Sinnbild des Islams, der Staatsreligion von Brunei. Er trägt seit 1949 die Inschrift „Mit Gottes Führung immer im Dienst" in arabischer Sprache.

Seit 1959 wird die Darstellung beiderseits flankiert von einer nach oben weisenden Hand (kinhap), der Verkörperung des Strebens der Regierung, Wohlergehen, Frieden und Wohlstand zu fördern. Das Wappen wird unten abgeschlossen von einem Band mit der arabischen Inschrift „BRUNEI DARUSSALAM" (Brunei – Haus des Friedens).

Auch die Flagge von Brunei ist seit langem im Gebrauch. Sie ist gelb und wird durch zwei breite Streifen, Weiß über Schwarz, von der Oberecke am Liek zur Unterecke am fliegenden Ende schräggeteilt. Bei der Verkündung der Verfassung im Jahre 1959 wurde sie im Zentrum mit der Darstellung des Staatswappens belegt.

Nationalflagge

✳ Artikel 139 der Verfassung der Volksrepublik Bulgarien vom 16. Mai 1971 beschreibt das Staatswappen des Landes. Das Wappen Bulgariens ist rund. In seiner Mitte ist auf himmelblauem Grund ein aufrecht stehender Löwe über einem Zahnrad dargestellt. Das Wappen wird beiderseits von Getreideähren eingefaßt, die in der Mitte von einem Band in den Farben der Nationalflagge umwunden sind. Über dem Löwen schwebt ein roter, fünfstrahliger Stern. Im unteren Teil des Wappens, wo die Getreideähren miteinander verflochten sind, stehen in goldenen Lettern auf rotem Band die Jahreszahlen der Gründung des ersten bulgarischen Staates (681) und der volksdemokratischen Revolution in Bulgarien (1944).

Das Wappen verbindet Symbole der Gegenwart mit revolutionären Traditionen des bulgarischen Volkes.

Der Löwe als Sinnbild des Kampfes und der Würde ist in Bulgarien auf zahlreichen Denkmälern und Münzen, vor allem des 14. Jahrhunderts, abgebildet. Unmittelbar vor der Befreiung vom osmanischen Joch wurde er auf den grünen Bannern vieler Heiduckenabteilungen gezeigt. Inzwischen zum Nationalemblem geworden, verkörpert er Kraft, Kühnheit, Unerschrockenheit und Mut. Der himmelblaue Fond, vor dem der Löwe dargestellt ist, ist Ausdruck des Friedenswillens des Volkes.

Zahnrad und Getreideähren, durch das rote und das dreifarbige Band in den Nationalfarben miteinander verbunden, verkörpern das Bündnis der Arbeiter und Bauern des Landes sowie ihre im Befreiungskampf und beim sozialistischen Aufbau gewachsene und gefestigte Einheit.

Der rote, fünfstrahlige Stern drückt die Verbundenheit und Solidarität des Volkes mit den Werktätigen der ganzen Welt aus.

Staatswappen

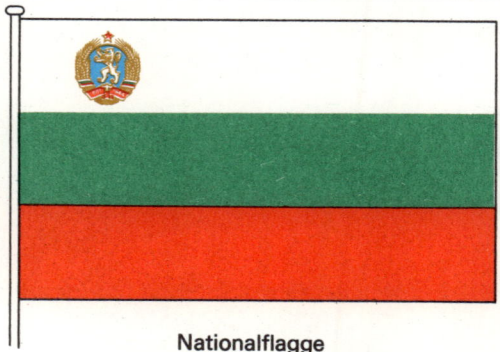

Nationalflagge

Schöpfer der bulgarischen Nationalflagge ist G. S. Rakovski. Er führte 1862 im serbisch-türkischen Krieg die „Bulgarische Legion" unter einer dreifarbigen Flagge – Rot über Weiß über Grün – in die Schlacht bei Belgrad.

Im Jahre 1879 bestimmte die Volksversammlung von Târnovo die dreifarbige Flagge Weiß über Grün über Rot als Staatsflagge. Weiß stand als Zeichen des Friedens und des slawischen Gedankens, Grün als Zeichen der Freiheit und Rot als Symbol des Kampfes und der Arbeit.

Heute werden die Farben zum Teil etwas anders gedeutet; so steht Grün auch für die Fruchtbarkeit der bulgarischen Erde.

Änderungen infolge der Ende 1989 eingeleiteten gesellschaftlichen Umwälzung sind zu erwarten, waren bei Drucklegung jedoch noch nicht bekannt.

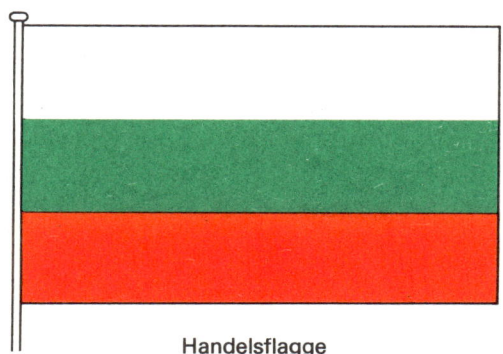

Handelsflagge

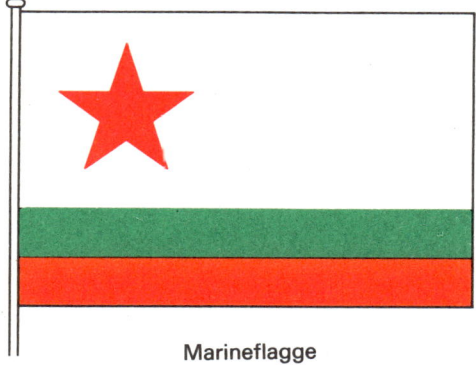

Marineflagge

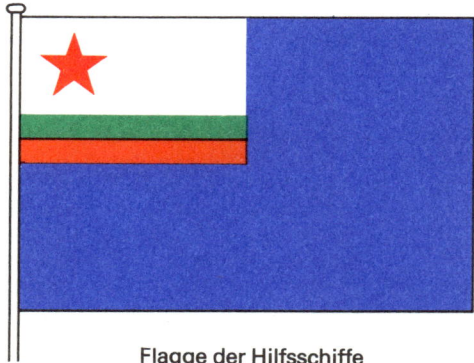

Flagge der Hilfsschiffe

Bundeswappen

✳ Das Bundeswappen der Bundesrepublik Deutsch-land ist der 1871 im Deutschen Reich eingeführte, einköpfige schwarze Adler auf goldenem Grund, der in der Weimarer Republik (ab 1919) keine Kennzei-chen der Monarchie mehr trug und letztmalig 1928 geringfügig verändert wurde. Der Adler als Zeichen der Macht geht wahrscheinlich auf römische Vorbil-der zurück und war bereits im Mittelalter unter Karl dem Großen als offizielles Emblem gebräuchlich.

Die schwarz-rot-goldene Bundesflagge wurde 1949 bei der Bildung der Bundesrepublik in Weiterführung der Farben der Weimarer Republik angenommen. Allerdings wurden die aus dem sog. Flaggenkompro-miß von 1919 hervorgegangenen Gebilde, z. B. die schwarz-weiß-rote Handelsflagge mit schwarz-rot-goldener Oberecke, nicht übernommen. Die Handels-

Bundes- und Handelsflagge

Bundesdienstflagge

Marineflagge

flagge entspricht der Bundesflagge. Die gleichfarbene Bundesdienstflagge zeigt den Bundesadler mit Schild in ihrer Mitte.

Die Farben Schwarz, Rot und Gold waren in horizontalen Streifen bereits nach der Revolution von 1848/49 bis zur Bildung des Norddeutschen Bundes 1867 Symbol des Freiheitsstrebens und wurden im Laufe der Jahre Ausdruck der Opposition gegen die preußische Reaktion. In der Weimarer Republik waren sie von 1919 bis 1933 offizielles staatliches Hoheitszeichen. In dieser Zeit konnte jedoch gleichzeitig die aus der Flagge des Norddeutschen Bundes hervorgegangene Reichsflagge mit den Farben Schwarz, Weiß und Rot gehißt werden.

Präsidentenflagge

✷ Das Wappen von Burkina Faso wurde mit der Umbenennung des Staates (früher Obervolta) im Jahre
1984 eingeführt. Es wird von einem roten Zahnkranz
gebildet, der einen gelben Kreis umschließt, in dem
die Symbole der friedlichen Arbeit – eine Hacke –
und des Verteidigungswillens – eine Maschinenpistole – über dem Sinnbild des Wissens und der Bildung – einem geöffneten Buch – dargestellt sind. Als
Zeichen der gesellschaftlichen Veränderung wurde
über diesen Symbolen am oberen Rand des gelben
Kreises ein roter, fünfstrahliger Stern eingefügt. Die
Grundlage der Wirtschaft des Landes, die Landwirtschaft, findet in den beiden Sorghumstengeln, die
den Zahnkranz auf beiden Seiten umfassen, ihre Verkörperung. Den unteren Abschluß des Wappens bildet ein Band mit dem Wahlspruch: „LA PATRIE OU
LA MORT NOUS VAINCRONS" (Vaterland oder Tod,
wir werden siegen).

Die zum gleichen Zeitpunkt wie das Wappen eingeführte Flagge von Burkina Faso besteht aus zwei
gleichbreiten, horizontalen Streifen in den Farben Rot
über Grün und trägt in ihrem Zentrum einen großen,
fünfstrahligen, goldenen Stern. So folgt die Flagge
des jungen Staates in der Farbgebung dem Vorbild
anderer unabhängiger afrikanischer Staaten.

Staatswappen

Nationalflagge

Staatswappen

✶ Das Wappen der Union von Burma zeigt auf blauem Grund ein weißes Zahnrad mit vierzehn Zähnen, das sowohl die erfolgreiche Industrialisierung des Landes als auch die in der Union zusammengeschlossenen sieben Staaten der nationalen Minderheiten sowie die sieben Provinzen verkörpern soll. Das Zahnrad ist mit den in roter Farbe ausgeführten Umrissen des Landes belegt. Diese Darstellung umgibt ein Kranz aus Reiskörnern, der die Bedeutung der Landwirtschaft für die Entwicklung des Landes und die Ernährung seiner Bevölkerung unterstreicht. Beiderseits wachen zwei sitzende Löwen, traditionelle Symbole der Tapferkeit und der Stärke, über die Unabhängigkeit Burmas. Im Oberwappen steht ein großer, weißer, fünfstrahliger Stern für die Einheit des Landes.

Die Grundgestaltung der Flagge Burmas geht auf die Traditionen des antijapanischen Befreiungskampfes zurück. Damals entstand die rote Flagge mit der blauen Oberecke am Liek. Diese Flagge wurde 1948 während der Unabhängigkeitsfeier in der Hauptstadt Rangun bei Sonnenaufgang gehißt. Das rote Flaggentuch bringt den Mut, die Entschlossenheit und Beharrlichkeit des Volkes zum Ausdruck, während die blaue Gösch den tiefblauen nächtlichen Himmel verkörpern soll. Seit 1974 leuchten in der Gösch vierzehn weiße Sterne, je einer oberhalb eines Zahnes des aus dem Wappen bekannten Zahnrades, das mit zwei pfahlweise angeordneten Reisähren mit ihren Blättern belegt ist.

Nationalflagge

★ Der goldene Löwenkopf auf dem roten Wappenschild der Republik Burundi soll die Kraft verkörpern, die die Entwicklung des Landes voranbringen wird. Bei Ausrufung der Republik im Jahre 1966 wurde der Löwe, wenn auch stark stilisiert, aus dem früheren Königswappen übernommen. Der Wappenschild liegt auf drei über Kreuz angeordneten Speeren, traditionellen Waffen, die die Entschlossenheit zum Schutz der Unabhängigkeit ausdrücken. Die Zahl „drei" soll die Worte des unterhalb des Schildes angebrachten Wahlspruches „UNITÉ TRAVAIL PROGRÈS" (Einigkeit, Arbeit, Fortschritt) verkörpern. Es gibt auch Quellen, die in den Speeren Sinnbilder der drei im Lande lebenden Volksstämme sehen.

Die Flagge Burundis zeigt ein weißes Diagonalkreuz. Die dadurch entstehenden Dreiecke oben und unten sind rot zur Erinnerung an den Kampf für die Unabhängigkeit und an die Leiden des unterdrückten Volkes in der Kolonialzeit. Die beiden Dreiecke am Liek und am fliegenden Ende sind grün als Ausdruck der Hoffnung auf eine lichte Zukunft. Das weiße Diagonalkreuz, das sich im Zentrum zu einem Kreis weitet, ist Symbol des Friedens. In diesem Zentralkreis befinden sich drei sechsstrahlige Sterne, deren Bedeutung derjenigen der drei Speere im Wappen gleichgesetzt werden kann.

Staatswappen

Nationalflagge

Staatswappen

✳ Im Jahre 1834 wurde das Wappen der Republik Chile angenommen. Der weiße, fünfstrahlige Stern symbolisiert Einheit und Freiheit des Volkes und erinnert zugleich an die chilenischen Indianer, die den Stern als Stammeserkennungszeichen benutzten.

Der Schild ist geteilt. Oben steht das Blau für den Himmel und für den Ozean, an dem sich das Land über 4300 km erstreckt, unten das Rot für das im Kampf um die Unabhängigkeit geopferte Blut. Das Oberwappen bilden drei Straußenfedern in den Landesfarben Blau, Weiß und Rot, während der Schild von zwei typischen Vertretern der Tierwelt des Landes gehalten wird, dem Andenhirsch und dem Kondor. Sie versinnbildlichen die Bergwelt der Anden, die sich von Nord nach Süd durch Chile erstrecken. Unter dem Schild des Wappens befindet sich die aus dem antispanischen Befreiungskampf stammende Losung „POR LA RAZON O LA FUERZA" (Mit Vernunft oder durch Stärke).

Auch die Gestaltung der chilenischen Flagge geht auf diese Symbolik zurück. In dem weißen, oberen Streifen widerspiegeln sich die schneebedeckten Gipfel der Anden, während das blaue Quadrat, das die Oberecke am Liek einnimmt, Himmel und Meer repräsentieren soll. Der Stern darin erinnert an die Indianer und soll gleichzeitig die Einheit und Freiheit des Landes zum Ausdruck bringen. Der untere, die ganze Länge der Flagge einnehmende rote Streifen ist Symbol des opferreichen Kampfes für die Freiheit des Landes von der spanischen Herrschaft. Die Flagge wurde 1817 geschaffen.

National-, Handels- und Marineflagge

Präsidentenflagge

Staatswappen

✳ Im alten China galten Rot und Gelb als kaiserliche Farben. Sie wurden als Verkörperung der staatlichen Macht angesehen.

Das Wappen der Volksrepublik China nahm diese traditionelle Farbsymbolik auf. Es zeigt im Zentrum auf rotem Grund eine goldfarbene Darstellung des Tiananmen (Tor des himmlischen Friedens) in Peking, das im 17. Jahrhundert an Stelle des alten Südtors der Kaiserstadt errichtet wurde. Vom Tiananmen aus wurde am 1. 10. 1949 die Volksrepublik ausgerufen.

Darüber befindet sich ein großer, goldfarbener, fünfstrahliger Stern als Symbol der Einheit des Vol-

National- und Handelsflagge

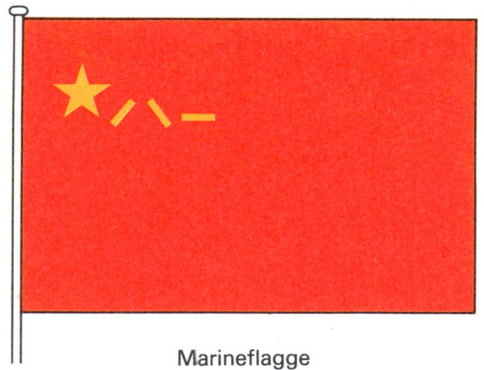

Marineflagge

kes, umgeben von vier kleineren, gleichfalls goldenen Sternen. Diese sollen jene Kräfte verkörpern, die 1949 mit der Bildung der Volksrepublik zur Verwirklichung eines gemeinsamen Programms antraten – die Arbeiterklasse, die Bauernschaft, das Kleinbürgertum und national gesinnte Teile der Bourgeoisie.

Umgeben wird das rote Feld von goldenen Reisähren und einem gleichfarbenen Zahnrad. Sie symbolisieren Arbeiter und Bauern als die beiden Hauptklassen der chinesischen Revolution.

Die Flagge der Volksrepublik China zeigt auf rotem Tuch in der oberen Ecke am Liek die schon im Wappen beschriebene goldene Sternengruppe.

Staatswappen

✳ Seit 1964 zeigt das Wappen der Republik Côte d'Ivoire einen Elefantenkopf, um dadurch auf den Namen des Landes und dessen Ursprung aufmerksam zu machen. Der Elefant wird als Verkörperung solcher Eigenschaften wie Kraft und Mut angesehen. Die hinter dem Wappenschild aufsteigende Sonne ist Symbol der Freiheit und des Aufblühens des jungen, unabhängigen Staates. Eine Palme auf beiden Seiten des Schildes deutet auf die Rolle hin, die Land- und Forstwirtschaft für die Entwicklung dieses Landes spielen. Das Band unterhalb des Wappenschildes trägt in französischer Sprache die Staatsbezeichnung „RÉPUBLIQUE DE CÔTE D'IVOIRE".

Die Nationalflagge wurde mit der Ausrufung der Republik im Jahre 1960 offiziell eingeführt. Ihr orangefarbener Streifen (oben) soll die Savannen des nördlichen Landesteiles, der grüne Streifen (unten) die reichen Waldgebiete des Südens repräsentieren. Das Weiß des mittleren Streifens wird als Ausdruck der Zusammengehörigkeit, der Einheit beider Landesteile betrachtet.

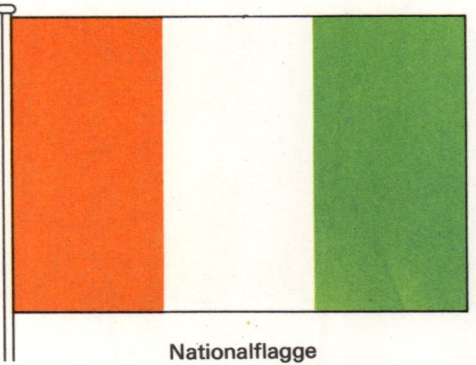

Nationalflagge

Staatswappen

✶ Das Staatswappen des Königreiches Dänemark — früher auch kleines Wappen genannt — wurde 1960 als offizielles Staatswappen bestätigt und ist für alle dänischen Regierungsdienststellen verbindlich. Die drei blauen, schreitenden Löwen sind bereits im Siegel König Knuts VI. (1190) enthalten, werden aber auf die Familie Waldemars II. (1219) zurückgeführt. Nach langer Unentschiedenheit, ob Löwen oder Leoparden, ob mit oder ohne Kronen, wurde die heute benutzte Gestaltung unter Frederik VI. (1768–1839) offiziell festgelegt.

Die ursprüngliche Bestreuung des Wappens mit herzförmigen Wasserrosen wurde später durch die Anordnung von neun roten Herzen, je ein Herz vor, über und hinter jedem Löwen, abgelöst. Über dem Schild befindet sich die dänische Königskrone.

National- und Handelsflagge

Das Königswappen wurde auf Anordnung von Königin Margrethe II. im Jahre 1972 neu gestaltet. Es ist dem Gebrauch durch die Königin, das Königshaus, den Hof und die Königliche Garde vorbehalten.

Der Wappenschild wird durch ein gerades, weißes Kreuz (Danebrog, sog. dänisches Kreuz) quadriert und trägt im Zentrum einen Herzschild.

Das erste und das vierte Feld zeigen auf goldenem Grund die Symbole Dänemarks, je drei blaue, schreitende Löwen und die neun roten Herzen. Das zweite Feld zeigt, gleichfalls auf goldenem Grund, zwei blaue, schreitende Löwen ohne Kronen für Schleswig (Südjütland). Sie wurden in das Wappen aufgenommen, als Christian I. 1460 zum Herzog von Schleswig und Holstein gewählt wurde. Das dritte Feld ist geteilt und seine untere Hälfte gespalten. Oben stehen auf blauem Grund drei goldene Kronen zur Erinnerung an die Union von Kalmar (1397) zwischen Dänemark, Norwegen und Schweden und an das Unionssiegel der Königin Margrethe I. (1387–1412). Darunter befinden sich – ebenfalls auf blauem Grund – der silberne Widder für die Färöer und der silberne, sitzende Eisbär für Grönland. Die beiden roten Balken im goldenen Herzschild sind das Zeichen des seit 1448 in Dänemark regierenden Hauses Oldenburg, dem 1863 das Haus Glücksburg, eine Seitenlinie des Hauses Oldenburg, folgte.

Die beiden den Schild haltenden Wilden Männer wurden erstmals 1449 durch Christian I. eingeführt.

Seit 1693 liegt der Schild auf den Ketten des Elefantenordens und des Danebrogordens mit ihren Abzeichen.

Die Nationalflagge, die zugleich Handelsflagge ist, zeigt seit dem 17. Jahrhundert auf rotem Grund ein bis zu den Rändern durchgehendes weißes, gerades Kreuz.

Königinwappen

Königinflagge

Nach der Sage wurde die Flagge von Papst Honorius III. an Waldemar II. für seinen Kreuzzug gegen Estland verliehen. Einer anderen Sage nach sei das Kreuz in für die Dänen schwieriger Situation während der Schlacht bei Lindanaes (1219) am Himmel erschienen und habe ihnen zum Sieg verholfen.

Verläßlichere Quellen sind das Siegel der Königsunion von 1397, ein von den Dithmarschern um 1500 erbeutetes Banner, das sich 1559–1660 in der Kathedrale von Schleswig befunden haben soll, sowie eine wahrscheinlich 1427 im Krieg zwischen der Hanse und Dänemark eroberte Flagge, die um 1880 in der Marienkirche zu Lübeck endeckt, jedoch vermutlich im zweiten Weltkrieg zerstört wurde.

Die schwalbenschwanzförmige Splittflagge ist seit Mitte des 16. Jahrhunderts als Marineflagge bekannt und seit der Mitte des 19. Jahrhunderts offiziell Flagge der Regierungsinstitutionen. In der Proportion 28:43,5 dient sie heute sowohl als Flagge der Seestreitkräfte als auch der staatlichen Institutionen.

Mit dem Königinwappen auf einem weißen Quadrat besetzt, ist sie Königinflagge.

Im Jahre 1985 wurde für Grönland eine eigene National- und Handelsflagge eingeführt. Sie besteht aus einem weiß-rot horizontal gestreiften Flaggentuch, auf dem sich, zum Liek hin verschoben, ein gleichfalls horizontal geteilter Sonnenball in den Farben Rot-Weiß befindet. Sie soll den Schnee und die Sonne über Grönland darstellen und dessen nationale und kulturelle Eigenart bekräftigen. Im Februar 1987 erhielt Grönland auch ein eigenes Wappen, das einen silbernen Eisbär auf blauem Grund zeigt.

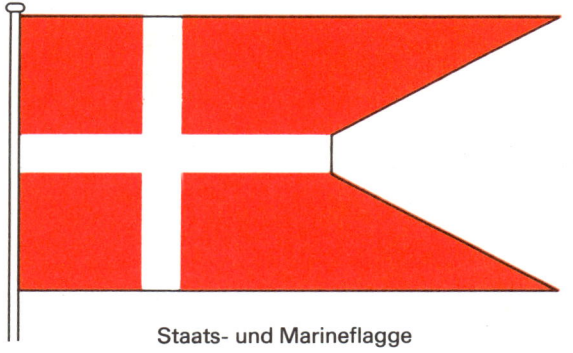

Staats- und Marineflagge

National- und Handelsflagge von Grönland

Staatswappen

* Das Staatswappen der Deutschen Demokratischen Republik wurde 1955 gesetzlich festgelegt. Es zeigt auf einer roten Kreisfläche in goldener Farbe einen Hammer – Symbol der Arbeiterschaft –, belegt mit einem goldfarbenen, geöffneten Zirkel als Sinnbild der Intelligenz und umgeben von einem gleichfalls goldenen Ährenkranz als Verkörperung der Bauernschaft. Ein schwarz-rot-goldenes Band umwindet den Kranz und bringt die Verbundenheit der gesellschaftlichen Kräfte zum Ausdruck.

Bei ihrer Gründung im Jahre 1949 nahm die Deutsche Demokratische Republik die fortschrittlichen Traditionen der Vergangenheit auf und gab sich eine Flagge in den Farben Schwarz, Rot und Gold in drei gleichbreiten, horizontalen Streifen. Die Farben gehen zurück auf die Uniformen des Lützowschen Freikorps in der Zeit des antinapoleonischen Befreiungskrieges 1813/14, auf die Fahne der fortschrittlichen

Staatsflagge

Dienstflagge der Kampfschiffe und -boote
der Volksmarine

Dienstflagge der Hilfsschiffe
der Volksmarine

Burschenschaften und die Flaggen, unter denen die revolutionären Kämpfer 1848/49 ihr Leben gegen Reaktion, für die Freiheit einsetzten. So deutete man damals die Farben: Schwarz ist die finstere Nacht der Reaktion, Rot ist das Blut, das die Kämpfer für die Freiheit opferten, und Gold die Sonne der Freiheit, deren Aufgang das Volk erwartet. Ferdinand Freiligrath schrieb über die Symbolik der Farben: „… schwarz ist das Pulver, rot ist das Blut und golden flackert die Flamme."

1959 wurde das Staatswappen in das Zentrum der Flagge eingefügt.

Staatswappen

* Das Wappen der aus dem ehemaligen französischen Kolonialterritorium der Afar und Issa am südlichen Ausgang des Roten Meeres hervorgegangenen, seit 1977 unabhängigen Republik Djibouti zeigt im Zentrum einen goldenen runden Schild vor einem pfahlweise gestellten Speer, über dem ein roter, fünfstrahliger Stern schwebt. Die Darstellung wird auf beiden Seiten durch je eine Hand geschützt, die ein Schwert hält. Diese Symbole, den neuen Staat und seinen Schutz durch die Afar und Issa darstellend, zu denen 95 % der Bevölkerung des Landes zählen, sind von einem Kranz aus grünen Blättern umgeben.

Die mit der Gründung der Republik eingeführte Flagge Djiboutis zeigt zwei horizontale, gleichbreite Streifen, Hellblau über Grün, und am Liek ein weißes, gleichschenkliges Dreieck, das in seinem Zentrum mit einem roten, fünfstrahligen Stern besetzt ist.

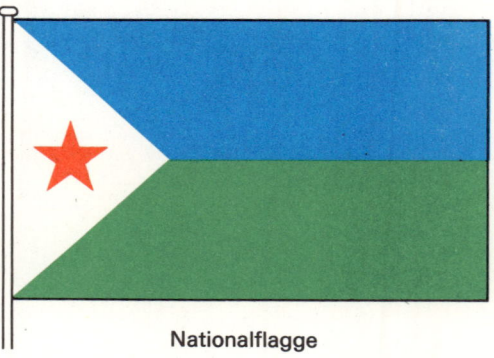

Nationalflagge

Staatswappen

✴ Das Commonwealth von Dominica — nördlichste der Windwardinseln in den Kleinen Antillen — erhielt im November 1978 die Unabhängigkeit, verwendete aber weiterhin das bereits 1961 verliehene Wappen. Es zeigt einen durch ein abwechselnd blau und gold gefärbtes doppeltes Kreuzband geteilten und gespaltenen Schild. Im ersten Feld ragt auf einer braunen Insel eine naturfarbene Kokospalme in die Höhe, während im vierten Feld eine Früchte tragende Bananenstaude auf einer gleichfalls braunen Insel steht, beide stellvertretend für die Flora der Insel. Im zweiten Feld sitzt auf blauem Grund eine Dominicakröte, während im dritten Feld ein karibisches Kanu auf weißen Wellen vor blauem Grund segelt, das die maritime Lage des Landes symbolisiert und an die Entdeckung Dominicas durch Kolumbus im Jahre 1493 erinnert. Der Schild wird von zwei Sisseronpapageien (psittacus imperialis) gehalten. Das Oberwappen bildet ein blau-weißer Wulst, aus dem eine braune Insel hervorragt, auf der der britische Löwe steht. Ein okkerfarbenes Band mit der Aufschrift „APRES BONDIE C'EST LA TER" (Neben dem lieben Gott [lieben wir] die Erde) schließt das Wappen unten ab.

Die mit der Unabhängigkeitserklärung des Landes angenommene Flagge wurde mehrmals geändert. Sie hat heute ein grünes Flaggentuch, das durch ein dreifarbiges, gerades Mittelkreuz in den Farben Gelb-Schwarz-Weiß in vier gleiche Teile geteilt wird. Das Zentrum der Flagge ist mit einem roten Kreis belegt, auf dessen Rand zehn grüne Sterne angeordnet sind, je einer für jeden Verwaltungsbezirk. In der Mitte des Kreises sitzt, zum fliegenden Ende gewandt, ein Sisseronpapagei. Die drei Farben des Kreuzes verkörpern die drei Hauptgruppen der Bevölkerung von Dominica: Afroamerikaner, Mulatten und Weiße.

Nationalflagge

Staatswappen

★ Sowohl der Wappenschild als auch die Flagge der Dominikanischen Republik sind durch ein gerades, weißes Kreuz quadriert. Die Farben dieses Entwurfes, 1844 bei der Proklamation der Republik vorgestellt, gehen wahrscheinlich auf das Vorbild Haïtis zurück, das bereits damals eine blau-rote Flagge führte. Das Kreuz symbolisiert den Glauben an die Kraft des Volkes, das bereit ist, im Kampf für seine Freiheit jeder Herausforderung zu trotzen. Rot steht für das im Befreiungskampf geopferte Blut und für die Erbitterung, mit der dieser Kampf geführt wurde. Blau soll die so schwer errungene Freiheit verkörpern.

National-, Staats- und Marineflagge

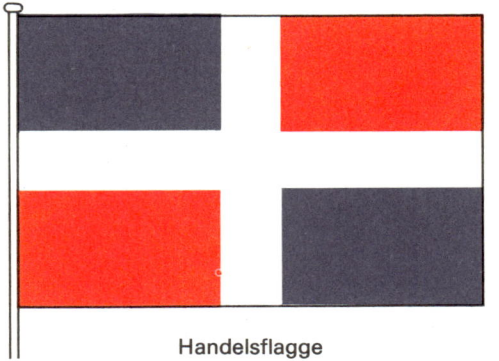

Handelsflagge

Im Wappen sind in der Mitte des weißen Kreuzes ein goldenes Kreuz und eine aufgeschlagene Bibel angeordnet als Symbole des Glaubens an Gott. Palmwedel und Olivenzweige umrahmen den Wappenschild als Zeugnisse einer friedlichen Politik.

Oberhalb des Schildes trägt ein blaues Band den Wahlspruch des Landes „DIOS PATRIA LIBERTAD" (Gott, Vaterland, Freiheit), auf einem roten Band unterhalb des Schildes ist die Staatsbezeichnung „REPUBLICA DOMINICANA" zu lesen.

Während die Nationalflagge im Zentrum des von dem geraden, weißen Kreuz quadrierten Flaggentuches das Wappen trägt, fehlt das Wappen in der Handelsflagge.

Präsidentenflagge

Staatswappen

✳ Der hochovale Schild des Wappens der Republik Ekuador zeigt in seinem oberen Teil die Sonne der Freiheit, die auch im Wappen Argentiniens vorkommt, und die Tierkreiszeichen Widder, Stier, Zwillinge und Krebs zur Erinnerung an die Freiheitskämpfe von März bis Juni des Jahres 1845. Im unteren Teil des Schildes ist der schneebedeckte Vulkan Chimborazo dargestellt, der höchste Berg des Landes, von dem ein Fluß entspringt. An der breitesten Stelle dieses Flusses im Vordergrund befinden sich die Symbole der Schiffahrt und des Handels, ein Dampf-Segelschiff, von dessen Masten einer die Form eines Merkurstabes hat. Das liegend angeordnete Liktorenbündel unterhalb des Schildes ist Ausdruck der republikanischen Würde, während der das Wappen krönende Kondor auf die Bergwelt der Anden verweist und schützend seine Schwingen über

National- und Handelsflagge

Staats- und Marineflagge

das Wappen, d. h. über die Unabhängigkeit des Landes, breitet.

Die Nationalflagge ist seit 1860 in Gebrauch. Ihre Farben gehen auf die Flagge der von Simón Bolívar geschaffenen Republik Groß-Kolumbien (1819/30) zurück, der neben Ekuador, Kolumbien und Venezuela – ihre Flaggen zeigen noch heute die gleichen Farben – auch Panama angehörte. Gelb soll den Reichtum des Landes, die Freiheit und das Brot symbolisieren, während das Blau für den Himmel, das Meer und die Flüsse steht. Der rote Streifen erinnert an das Blut, das die Patrioten im Kampf für die Freiheit und Unabhängigkeit geopfert haben.

✳ Das bereits in den fünfziger Jahren des 19. Jahrhunderts gültige, an die Mittelamerikanische Föderation (Vereinigte Provinzen von Mittelamerika) von 1823 bis 1838 erinnernde sog. Vulkanwappen wurde für El Salvador im Jahre 1912 erneut eingeführt. Es besteht aus einem die republikanische Gleichheit der Bürger vor dem Gesetz symbolisierenden Dreieck. In der oberen Spitze des Dreiecks leuchtet ein Regenbogen als Zeichen des Friedens. Unter diesem befindet sich eine rote Freiheitsmütze – auch phrygische oder Jakobinermütze genannt – zum Zeichen der Befreiung von der spanischen Herrschaft. Der von der Mütze ausgehende Strahlenkranz trägt als Umschrift das Datum des Tages, an dem die Unabhängigkeit errungen wurde: „15 de Septiembre de 1821". Den Fuß des Wappens bilden fünf grüne, aus dem Meer aufragende Vulkane, stellvertretend für die Republiken Guatemala, El Salvador, Honduras, Nikaragua und Kostarika als Gliedstaaten der Mittelamerikanischen Föderation. Die Vulkane werden von zwei Meeren umspült, d. h. vom Pazifik und von der Karibik. Zwei Lorbeerzweige, deren vierzehn Blättergruppen die vierzehn Provinzen der Republik El Salvador repräsentieren sollen, umfassen das Wappen. Die Umschrift „REPUBLICA DE EL SALVADOR EN LA AMERICA CENTRAL" kann als Hinweis auf die geographische Lage des Landes, aber auch auf die Mittelamerikanische Föderation verstanden werden. Unterhalb des Dreiecks befindet sich auf einem Band der Wahl-

Staatswappen

National-, Staats- und Marineflagge

DIOS UNION LIBERTAD

Handelsflagge

spruch „DIOS UNION LIBERTAD" (Gott, Einigkeit, Freiheit).

Auch die Nationalflagge von El Salvador war schon von 1838 bis 1865 offiziell gültig und wurde 1912 wieder eingeführt. Die beiden blauen Streifen stehen für den Pazifik und die Karibik, während der weiße Streifen die zwischen beiden Meeren befindliche mittelamerikanische Landbrücke symbolisiert, auf der El Salvador gelegen ist, angedeutet durch das Wappen im Zentrum des weißen Streifens.

Die Handelsflagge trägt anstelle des Wappens in großen Lettern über die ganze Länge des weißen Streifens den Wahlspruch „DIOS UNION LIBERTAD".

✳ Das Wappen wurde dem Land, das 1970 die Unabhängigkeit erhielt, bereits im Jahr 1908 von der damaligen britischen Kolonialmacht verliehen. Daran erinnert im Schildhaupt auf rotem Grund der britische Löwe. Er hält eine Kokosnuß zwischen seinen Vorderpranken. Der restliche Schild wird durch ein rotes Georgskreuz in vier Felder geteilt. Im ersten Feld befinden sich drei Zuckerrohrpflanzen, im zweiten eine Kokospalme und im vierten eine Bananenstaude. Diese Symbole der Landwirtschaft sollen die Fruchtbarkeit des aus 844 Inseln (davon sind 106 bewohnt) bestehenden Staates und seine Lage in der tropischen Region der Erde zum Ausdruck bringen. Das dritte Feld zeigt eine weiße Taube mit einem grünen Palmenzweig im Schnabel. Eine solche Zeichnung war bereits Mitte des 19. Jahrhunderts auf einer offiziellen Flagge Fidschis zu sehen. Der Schild wird von

Staatswappen

Nationalflagge

Handelsflagge

Marineflagge

zwei Eingeborenen gehalten und geschützt, von denen sich der eine auf einen Speer stützt, während der andere eine Keule geschultert hat. Als Oberwappen fungiert ein einheimisches Auslegerboot – in der Landessprache „takia" genannt – über einem rot-weißen Wulst. Unter dem Schild ist auf einem Band der Wahlspruch zu lesen „Rerevaka na Kalou ka Doka na Tui" (Fürchte Gott und ehre die Königin).

In Anlehnung an die britische Flaggentradition trägt die am Tage der Unabhängigkeit im Oktober 1970 erstmals offiziell gezeigte Flagge Fidschis als Gösch die britische „union flag". Das Flaggentuch ist jedoch von hellblauer Farbe – Symbol für Himmel und Meer. In der Mitte des fliegenden Endes der Flagge ist das Wappen aufgesetzt; damit wird die Lage des Inselstaates in den Weiten des Pazifik repräsentiert.

Staatswappen

✳ Das Wappen der Republik Finnland wurde zuerst auf dem Monument des schwedischen Königs Gustav I. Wasa (1523/60) abgebildet, als Finnland Teil des schwedischen Königreiches war (seit 1362). Unter König Johann III. (1568/92) wurde der Wappenschild von einer geschlossenen Herzogskrone überragt, die auch erhalten blieb, als Finnland ein autonomes Großfürstentum des zaristischen Rußlands war (1809–1917). In den ersten Jahren der Unabhängigkeit wurde diese Krone entfernt. Die neun silbernen (weißen) Rosen sind Symbole für die neun Provinzen, aus denen Finnland früher bestand.

National- und Handelsflagge

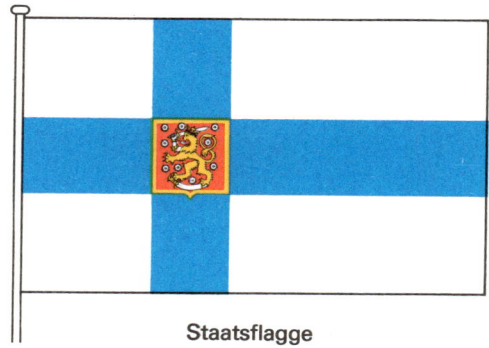

Staatsflagge

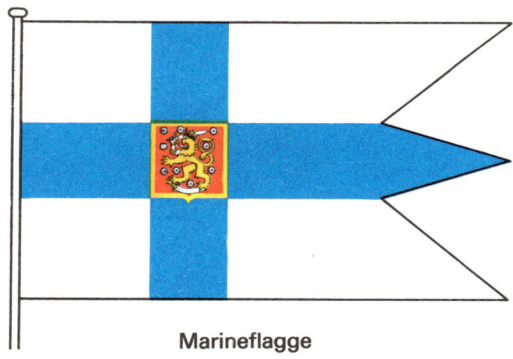

Marineflagge

Die finnische Nationalflagge wurde durch Gesetz
am 29.11.1918 – wenige Monate nach der Erlangung
der staatlichen Selbständigkeit – eingeführt. Sie
zeigt die traditionellen finnischen Farben, die ein
Dichter bereits 1870 mit „dem Blau unserer Seen und
dem weißen Schnee unserer Winter" verglich. Das
Kreuz setzt die Tradition der Flaggen der skandinavischen Länder fort, die auf den dänischen Danebrog
zurückgeführt wird.

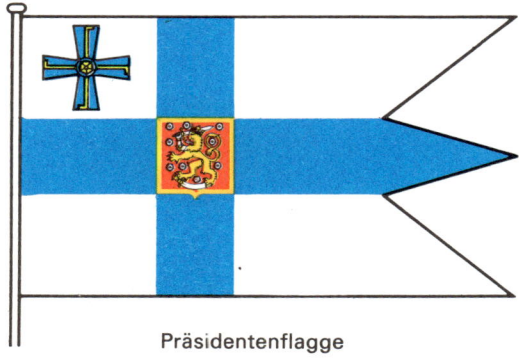

Präsidentenflagge

Staatswappen

✳ Nach der Französischen Revolution von 1789 wurden in Frankreich alle Wappen abgeschafft, die sich auf die Monarchie bezogen und die die staatliche Macht symbolisierten. Das heutige Wappen ist also lediglich ein Emblem, das bei internationalen Anlässen wegen des Fehlens eines Staatswappens Verwendung findet. Es zeigt auf blauem Grund das Symbol republikanischer Würde und Macht – ein Liktorenbündel, beseitet von einem Eichen- und einem Olivenzweig, den Zeichen der Dauerhaftigkeit und des Friedens. Das Ganze ist mit einem Band belegt, das die Devise der Revolution von 1789 trägt „LIBERTÉ ÉGALITÉ FRATERNITÉ" (Freiheit, Gleichheit, Brüderlichkeit). Seit 1871 ist diese Darstellung umgeben von der Großmeisterkette des 1802 von Napoleon Bonaparte gestifteten Ordens der Ehrenlegion, an der an einem Eichenkranz das Ordenszeichen hängt.

Auch die Flagge der Französischen Republik, die sog. Trikolore, ist mit der Revolution von 1789 entstanden. Ihre Farben sollen den Farben von Paris – Blau und Rot – entsprechen, denen das königliche Weiß hinzugefügt wurde. Andere Quellen sehen in den Farben Symbole für die Devise der Revolution. Ursprünglich soll die Flagge horizontal gestreift ge-

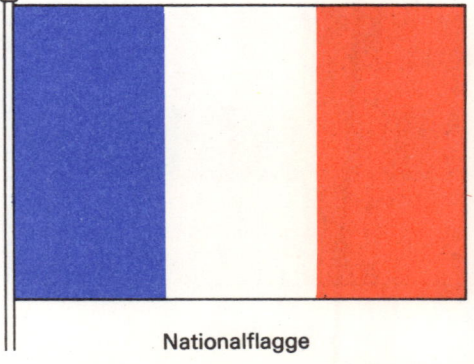

Nationalflagge

wesen sein in Anlehnung an die Flagge des Aufstandes der Niederlande gegen Spanien. Die Farbgebung Rot-Weiß-Blau wird auf einen Vorschlag Lafayettes zurückgeführt. 1790 wurde die Flagge mit senkrechten Streifen Rot-Weiß-Blau bestätigt. In den Folgejahren wechselte das Rot mehrmals seinen Platz, auch als Mittelstreifen soll es zu finden gewesen sein. Nach der Niederschlagung der Pariser Kommune von 1871, die die rote Fahne zum Symbol der proletarischen Revolution erhoben hatte, wurde die Trikolore in der erstmals 1794 eingeführten Farbfolge Blau-Weiß-Rot mit senkrechten Streifen bestätigt.

In den maritimen Versionen ist die Breite der Farbstreifen unterschiedlich.

Die Präsidentenflagge trägt im Zentrum ein vom jeweiligen Präsidenten zu wählendes Abzeichen. François Mitterrand wählte Eichen- und Olivenzweige über einem gemeinsamen Stamm; sie sollen die Kraft der Eiche und den Frieden des Olivenbaumes vereinen und zugleich die enge Verbindung des Nordens und des Südens des Landes repräsentieren.

Handels- und Marineflagge

Präsidentenflagge

✱ Sowohl im Wappen als auch in der Flagge der Republik Gabun sind die Farben Grün, Gelb und Blau vorherrschend, die in der Flagge drei gleichbreite horizontale Streifen bilden. Der grüne Streifen wurde gewählt, um den tropischen Regenwald darzustellen, der einen großen Teil des Landes bedeckt. Der blaue Streifen symbolisiert das Meer, von dem aus 1471 das Land durch portugiesische Seefahrer entdeckt wurde. Der gelbe Streifen, der auch die reichen Bodenschätze verkörpert, zieht sich durch die Flagge wie der Äquator durch das Land. Im Wappen trägt der grüne Streifen drei gelbe Kreise als Symbole der Bodenschätze, deren Abbau immer größere Bedeutung für die Entwicklung des Landes erlangt. Im gelben Zentrum des Wappens erinnert ein Segelschiff an die portugiesischen Seefahrer. Es soll aber auch den Willen zum Fortschritt des Landes zum Ausdruck bringen, wobei die schwarze Farbe des Segelschiffes an den afrikanischen Kontinent erinnern soll. Hinter dem Schild steht ein Okoumé-Baum, der an das früher wichtigste Exportgut Gabuns, das Holz, erinnert und die Bedeutung des Waldes unterstreicht. Schildhalter des Wappens sind zwei schwarze Panther, Sinnbilder der Wachsamkeit und des Mutes. Zwischen Baumkrone und Schildhaupt trägt ein weißes Band die lateinische Aufschrift „UNITI PROGEDIEMUR" (Vereint werden wir voranschreiten), die an den notwendigen Zusammenhalt der rund 40 ethnischen Gruppen der Landesbewohner appelliert. Unter dem Wappenschild gibt ein blaues Band den Wahlspruch des Landes wieder: „UNION TRAVAIL JUSTICE" (Einigkeit, Arbeit, Gerechtigkeit).

Staatswappen

Nationalflagge

Staatswappen

✳ Das Wappen zeigt in seinem Schild auf blauem Grund gekreuzt eine „Locar"-Axt und eine „Mandinka"-Hacke in Gelb, für die Landwirtschaft Gambias typische Geräte. Das blaue Mittelfeld wird von einem silbernen (weißen) und einem grünen Streifen umrahmt. Das Oberwappen bildet ein Stechhelm mit blau-gelben Helmdecken und einem gleichfarbenen Wulst, aus dem ein Früchte tragender Erdnußstrauch aufragt, stellvertretend für dasjenige landwirtschaftliche Erzeugnis, das den größten Teil der Exporteinnahmen des Landes bringt. Schildhalter sind zwei Löwen, Sinnbilder der Würde, des Mutes und der Beständigkeit, die die beiden bereits auf dem Wappenschild abgebildeten Geräte – Axt und Hacke – halten. Löwen und Wappenschild stehen auf einem Band mit dem Wahlspruch „PROGRESS PEACE PROSPERITY" (Fortschritt, Frieden, Wohlstand).

Die Flagge von Gambia hat horizontale Streifen. Der obere Streifen ist rot und symbolisiert die Sonne, während der untere grün ist und für die Landwirtschaft steht. Der etwas schmalere blaue Streifen in der Mitte der Flagge stellt den Fluß Gambia dar, nach dem das Land seinen Namen hat und an dem es sich in einer Breite von 20 bis 40 km und einer Länge von etwa 500 km erstreckt. Der blaue Streifen wird durch sehr schmale weiße Streifen von dem roten und dem grünen getrennt; sie sollen die Einheit des Volkes beiderseits des Flusses und den Frieden zum Ausdruck bringen, den das Land für seine Entwicklung braucht.

Nationalflagge

Staatswappen

✳ Das Wappen der Republik Ghana zeigt einen Wappenschild, der durch ein grünes, goldbesäumtes Georgskreuz in vier Felder geteilt wird. Im ersten Feld sind auf blauem Grund ein Sprachkennerstock und ein Zeremonienschwert gekreuzt als Zeichen der einheimischen Verwaltung. Das zweite Feld zeigt auf blauem Grund eine silberne (weiße) heraldische Festung über einem See, die die nationale Regierung symbolisiert. Kakaobaum und Bergwerksförderturm im dritten und vierten Feld verkörpern Landwirtschaft und Industrie des Landes. Im Zentrum des grünen Georgskreuzes erinnert ein goldener Löwe an die weiterhin bestehenden Verbindungen zwischen Ghana und dem Commonwealth of Nations. Das Oberwappen bildet ein Wulst in den Nationalfarben Rot-Gelb-Grün, auf dem der schwarze Stern der afrikanischen Freiheit steht. Schildhalter sind zwei goldene Adler, die jeder einen schwarzen, fünfstrahligen Afrikastern an einem Band in den Nationalfarben um den Hals

Nationalflagge

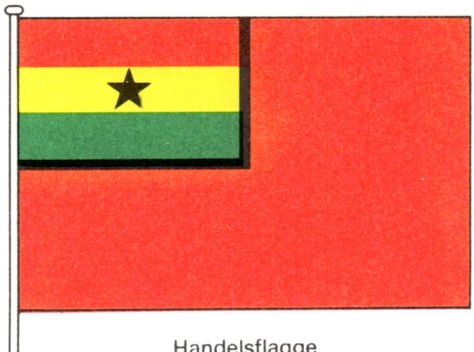

Handelsflagge

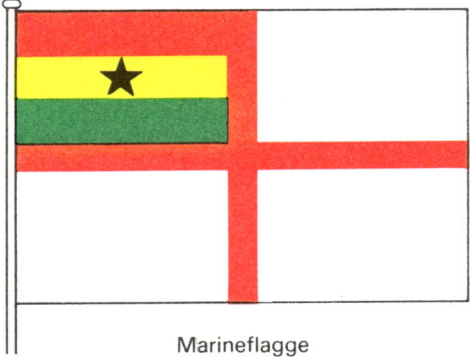

Marineflagge

tragen. Wappenschild und Schildhalter ruhen auf einem gelben Band, das als rote Aufschrift den Wahlspruch des Landes trägt „FREEDOM AND JUSTICE" (Freiheit und Gerechtigkeit).

Die Nationalflagge besteht aus drei horizontalen Streifen in den Farben Rot über Gelb über Grün, die von vielen anderen afrikanischen Staaten mit der Erlangung ihrer Unabhängigkeit in ihren Flaggen variiert wurden und so das gemeinsame Freiheitsstreben der afrikanischen Staaten zum Ausdruck bringen. Die Farben wurden mit folgender Symbolik gewählt: Rot soll an jene Menschen erinnern, die für die Erlangung der Unabhängigkeit arbeiteten. In der goldenen Farbe soll der Reichtum des Landes zum Ausdruck kommen, das in der Kolonialzeit den Namen „Goldküste" trug. Der dunkelgrüne Streifen symbolisiert Wälder und Farmen des Landes. Der schwarze, fünfstrahlige Stern im Zentrum des goldenen Streifens ist das Symbol der Freiheit der afrikanischen Staaten.

Staatswappen

✻ Als Grenada 1974 seine Unabhängigkeit im Rahmen des Commonwealth of Nations erhielt, wurde ein Staatswappen mit zahlreichen historischen Bezügen angenommen. Der Wappenschild wird durch ein gerades gelbes Kreuz geviert. Sein Schnittpunkt ist mit der Darstellung der „Santa Maria" belegt – zur Erinnerung an Christoph Kolumbus, der die Insel 1498 entdeckte. Im ersten und vierten Feld des Schildes ist je ein goldener Löwe auf rotem Grund abgebildet als Zeichen der Stärke und der Zugehörigkeit zum Commonwealth. Im zweiten und dritten Feld stehen vor einem grünen Grund je eine goldene Lilie über einem steigenden Halbmond, dem Symbol der Unbefleckten Empfängnis der Gottesmutter Maria, der zu Ehren Kolumbus die Insel „Concepción" nannte. Das Ober-

Nationalflagge

wappen zeigt einen gelben Spangenhelm frontal mit roten Helmdecken, über ihm auf rotweißem Wulst sieben Rosen – die die sieben Kirchspiele des Landes symbolisieren sollen – umgeben von einem Kranz aus Bougainvilleablüten. Als Schildhalter fungieren ein Gürteltier und eine Taube vor einem Maisstengel und einem Bananenbaum – Repräsentanten der Fauna und Flora von Grenada. Der Schild ruht auf einem Berg, dem Mount St. Catherine, der höchsten Erhebung der Insel, an dessen Hang der Grand Étang abgebildet ist. Das Wappen wird unten von einem Band zusammengehalten, das den Wahlspruch trägt „EVER CONSCIOUS OF GOD WE ASPIRE, BUILD AND ADVANCE AS ONE PEOPLE" (Stets auf Gott vertrauend streben, bauen und schreiten wir voran als ein Volk).

Die Flagge Grenadas zeigt eine eigenwillige Gestaltung. Ein breiter, roter Rand umgibt das Flaggenfeld, er soll die harmonische Geschlossenheit des Volkes zum Ausdruck bringen. Auf dem oberen und dem unteren Randstreifen sind je drei gelbe, fünfstrahlige Sterne angebracht, die die sechs Verwaltungseinheiten des Landes verkörpern. Das zentrale Flaggenfeld ist diagonal geteilt. Von den dabei entstehenden Dreiecken sind das obere und das untere gelb als Sinnbild der Sonne und der Strände, die anderen beiden grün, Ausdruck der Fruchtbarkeit des Landes und Symbol seiner reichen Natur. Das grüne Dreieck am Liek trägt die Abbildung einer braunen Muskatnuß mit aufgebrochener gelber Schale (ein Drittel der Weltproduktion an Muskatnüssen kommt aus Grenada). Im Zentrum des Flaggenfeldes, den Schnittpunkt der Diagonalen verdeckend, befindet sich ein roter Kreis, belegt mit einem gelben, fünfstrahligen Stern als Verkörperung der sonnenüberstrahlten Insel und ihres klugen, mutigen Volkes.

Staatswappen

✳ Die Griechische Republik gab sich mit der Verfassung von 1975 ein neues, sehr schlicht gestaltetes Wappen. Ein Schild zeigt auf blauem Grund ein durchgehendes gerades, breites Kreuz von weißer Farbe. Der Ursprung dieses Symbols wird auf den Kampf gegen die türkische Herrschaft zurückgeführt und soll den Widerstandswillen des Volkes zum Ausdruck bringen. Umgeben ist der Schild von einem Kranz aus Lorbeerblättern, mit denen schon im Altertum die Sieger sportlicher Wettkämpfe geschmückt wurden.

National-, Handels- und Marineflagge

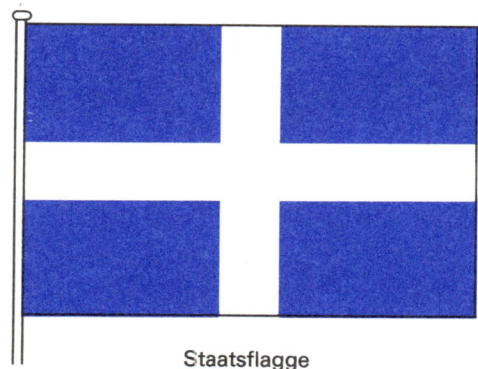

Staatsflagge

Auch die griechische Nationalflagge – zuletzt 1979 festgelegt – zeigt die Farben Blau und Weiß, angeordnet in neun horizontalen Streifen, fünf blauen und vier weißen, mit einem blauen Quadrat in der Oberecke am Liek, das wie der Schild des Wappens von einem weißen Kreuz durchzogen wird. Die neun Streifen werden auf den Wahlspruch der griechischen Freiheitskämpfer „Freiheit oder Tod" zurückgeführt, der im Griechischen neun Silben hat.

Die griechische Staatsflagge hat die gleiche Gestaltung wie der Wappenschild.

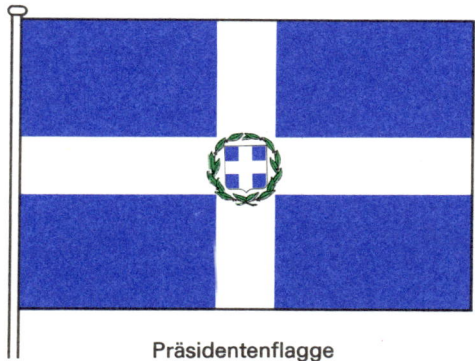

Präsidentenflagge

✶ Das Wappen des Vereinigten Königreiches von Großbritannien und Nordirland wurde von Königin Victoria im Jahre 1837 bestätigt und blieb seither unverändert. Es zeigt einen gevierten Schild, in dessen erstem und viertem Feld jeweils auf rotem Grund die drei goldenen Löwen Englands dargestellt sind. Das zweite Feld zeigt den roten Löwen Schottlands auf gelbem Grund, umgeben von einem roten Lilienbord. Im dritten Feld befindet sich das irische Nationalsymbol, die gelbe Harfe auf blauem Grund. Um den Schild schlingt sich der Hosenbandorden, der die Aufschrift trägt „HONI SOIT QUI MAL Y PENSE" (Ein Schelm, der Arges dabei denkt). Das Oberwappen bildet ein goldener Spangenhelm mit weiß-goldenen Helmdecken, darüber die britische Krone, auf der der goldene britische Löwe steht. Schildhalter sind ein gekrönter britischer Löwe und ein Einhorn mit einer goldenen Krone um den Hals und herabhängender Kette. Das Wappen wird unten von einem Band abgeschlossen mit der Aufschrift „DIEU ET MON DROIT" (Gott und mein Recht).

Die britische Nationalflagge — „union flag" genannt — ist eine Kombination der früher gebräuchlichen Flaggen der drei Landesteile England, Schottland und Irland. Die blaue Grundfarbe stammt aus der schottischen St.-Andreas-Flagge. Über dem weißen Andreaskreuz liegt das rote Kreuz der englischen St.-Georgs-Flagge. Diese Flagge war bereits 1606 in Gebrauch. König Georg III. fügte mit dem Zwangsanschluß Irlands (1801; Vereinigtes Königreich von Großbritannien und Irland) das rote Diagonalkreuz

Königinwappen

Nationalflagge

Handelsflagge

der irischen St.-Patricks-Flagge ein, so daß in den Diagonalen jeweils ein halbes rotes und ein halbes weißes Kreuz nebeneinanderliegen, um keinem der beiden Landesteile den Vorrang gegenüber dem anderen einzuräumen. Diese Flagge befindet sich als Gösch in zahlreichen Flaggen Großbritanniens und der Länder des Commonwealth of Nations.

Die britische Marineflagge – die englische weiße Flagge mit dem roten St.-Georgs-Kreuz, die union flag als Gösch, wurde 1805 eingeführt, nachdem Admiral Nelson mit seiner Flotte unter dieser Flagge die vereinten spanisch-französischen Geschwader in der Seeschlacht bei Trafalgar besiegt hatte.

Staatsflagge und Flagge der Hilfsschiffe

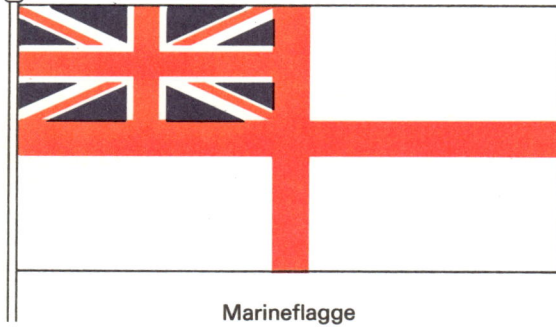
Marineflagge

Königinflagge

Staatswappen

✳ 1871 wurde das Wappen der Republik Guatemala festgelegt. In seinem Zentrum befindet sich als Symbol der Souveränität ein Quetzal, ein in Mittelamerika heimischer Vogel, dessen leuchtend roter Bauch stark zu dem übrigen, kräftig grünen Gefieder kontrastiert. Da die Bewohner des Landes den Vogel für nicht zähmbar halten, der die Gefangenschaft nicht überleben würde, gilt er auch als Symbol der Freiheit. Der Quetzal sitzt auf einer ausgerollten Schriftrolle mit der Inschrift „LIBERTAD 15 DE SEPTIEMBRE DE 1821" (Freiheit 15. September 1821). An diesem Tag erlangte Guatemala seine Unabhängigkeit. Hinter der Schriftrolle gekreuzte Gewehre und Säbel verweisen darauf, daß man die Freiheit auch schützen muß. Zwei Lorbeerzweige umrahmen das Wappen.

Guatemala war von 1823 bis 1838 Mitglied der Föderation der Vereinigten Provinzen von Mittelamerika. Es übernahm für seine Flagge die Farben der Föderationsflagge Blau-Weiß-Blau, wobei die Streifen senkrecht angeordnet wurden. Die Farbstreifen symbolisieren Karibik und Pazifik sowie die mittelamerikanische Landbrücke, auf der Guatemala liegt. Die Flagge trägt im Zentrum des weißen Streifens das Wappen.

In der Handelsflagge fehlt das Wappen.

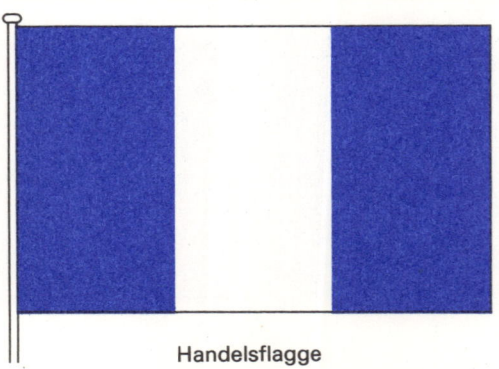

Handelsflagge

National-, Staats- und Marineflagge

Staatswappen

★ Das Wappen der 1958 unabhängig gewordenen Republik Guinea wird von einem rot und gelb gespaltenen Schild gebildet, unter dem in einem schmalen Streifen die Farben der Nationalflagge wiedergegeben sind – Rot, Gelb und Grün, auch bekannt als die Farben des afrikanischen Freiheitsstrebens. Über dem Wappenschild schwebt eine weiße Taube mit einem grünen Olivenzweig im Schnabel zum Zeichen der friedlichen Politik dieses Staates. Vor diesem tief in den Wappenschild hineinragenden, sich verästelnden Zweig sind Schwert und Gewehr gekreuzt dargestellt zum Zeichen der Bereitschaft, die Unabhängigkeit zu verteidigen. Über dem Wappen schweben, zu einem leichten Bogen angeordnet, die Worte des Wahlspruchs „TRAVAIL JUSTICE SOLIDARITÉ" (Arbeit, Gerechtigkeit, Solidarität).

Die Nationalflagge von Guinea zeigt die afrikanischen Farben Rot, Gelb und Grün in senkrechten Streifen. Rot wird als Symbol des Ruhmes der Kämpfer für die nationale Unabhängigkeit und des Blutes, das für die Freiheit des Landes geopfert wurde, betrachtet. Gelb gilt als Zeichen der Gerechtigkeit und erinnert zugleich an die frühere Bedeutung des Goldes für die Wirtschaft des Landes. Grün schließlich steht für die großen natürlichen Reichtümer des Landes und für die Fruchtbarkeit seines Bodens. Nach anderen Beschreibungen verkörpern die drei Streifen die Worte des über dem Wappen stehenden Wahlspruchs.

Nationalflagge

Staatswappen

✱ Das Wappen der 1973 gegründeten Republik Guinea-Bissau zeigt im Zentrum einen schwarzen, fünfstrahligen Stern als Symbol der afrikanischen Menschen und ihres Strebens nach Freiheit. Der Stern
liegt auf rotem Grund und ist von zwei Palmenzweigen – Symbol des Friedens – umgeben, die unten
von einer gelben Muschel zusammengehalten werden. Sie zeigt an, daß das Land am Meer liegt. Quer
über das Wappen zieht sich ein weißes Band mit dem
Wahlspruch „UNIDADE LUTA PROGRESSO" (Einheit, Kampf, Fortschritt).
   Die Flagge der Republik Guinea-Bissau zeigt die
afrikanischen Farben Rot – Gelb – Grün in Streifen
von gleicher Größe. Der rote Streifen steht senkrecht
am Liek und trägt in der Mitte den schwarzen afrikanischen Freiheitsstern. Rot symbolisiert das Blut der
Märtyrer und Helden des Befreiungskampfes, die Leiden der Kolonialzeit, die Arbeit für eine bessere Zukunft. Die beiden anderen Streifen sind horizontal angeordnet. Der obere, gelbe, steht für die Befreiung
und den Fortschritt, während der untere, grüne, die
tropische Natur und die Hoffnung der Menschen verkörpert.

Nationalflagge

Staatswappen

★ Die Kooperative Republik Guyana erhielt mit der Unabhängigkeit 1966 ein Wappen, dessen Wappenschild durch drei blaue Wellenbalken in der Mitte geteilt wird, in denen die zahlreichen Gewässer des Landes dargestellt sind. Über diesen Wellenbalken ist die Nationalblume, eine victoria regia, abgebildet, während im unteren Teil der seltene Canje-Fasan die reiche Vogelwelt des Landes verkörpert. Über dem Schild ein Helm mit blau-weißen Helmdecken und einem gleichfarbenen Wulst, auf dem die indianische Federkrone eines Kaziken ruht, von deren Seiten je ein großer Diamant leuchtet, stellvertretend für die Bodenschätze Guyanas. Der Schild wird von zwei Jaguaren gehalten, die sich auf eine Hacke und einen Zuckerrohrstengel stützen, Symbole der Arbeit in der Landwirtschaft und ihrer Erzeugnisse. Unter dem Schild trägt ein Band den Wahlspruch „ONE PEOPLE ONE NATION ONE DESTINY" (Ein Volk, eine Nation, ein Schicksal).

Die Flagge Guyanas zeigt auf grünem Grund, stellvertretend für die Landwirtschaft und die Wälder des Landes, zwei Dreiecke, die ihre Basis am Liek der Flagge haben. Das gelbe, weiß besäumte Dreieck reicht bis an das fliegende Ende. Dieser „goldene Pfeil" symbolisiert die reichen Bodenschätze Guyanas, der schmale weiße Saum die Flüsse und anderen Wasservorräte. Auf ihm liegt ein rotes, schwarz gesäumtes gleichseitiges Dreieck. Es ist Sinnbild der Zielstrebigkeit bei der Herausbildung der Nation, während sein schwarzer Rand die Standhaftigkeit der Menschen in diesem Prozeß zum Ausdruck bringen soll.

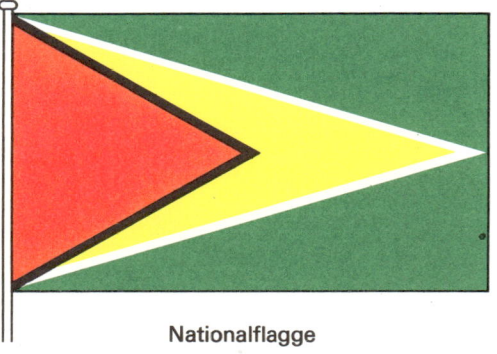

Nationalflagge

✳ Das Wappen der Republik Haïti stammt aus dem Jahre 1807. Auf grünem Land – Haïti darstellend – erinnern Kanonen, eine Trommel, Fahnen, Gewehre sowie Anker und die Mastspitzen versenkter Schiffe an den Befreiungskampf auf der 1492 von Christoph Kolumbus entdeckten und Hispaniola genannten Insel, der mit dem Sieg über die Franzosen 1803 zur Unabhängigkeit führte. Eine Palme (Palmetto) in der Mitte wird von einer roten Freiheitsmütze überragt. Die Palme galt den aufständischen Negersklaven als Symbol der Freiheit. Am Fuß der grünen Insel trägt ein weißes Band das Motto des Freiheitskampfes „L'UNION FAIT LA FORCE" (Einigkeit macht stark).

Die blau-rot horizontal gestreifte Flagge war von 1822 bis 1964 Ausdruck der unter dem Einfluß der Ideen der Französischen Revolution errungenen Unabhängigkeit. 1804/05 und 1806/22 war die Flagge in den Farben von Paris – Blau und Rot – nach französischem Vorbild senkrecht gestreift. Unter Jean Jacques Dessalines (1804/06 Kaiser Jakob I.) und unter der Herrschaft der Duvaliers von 1964 bis 1986 erfolgte eine Änderung zu einer schwarz-rot senkrecht gestreiften Flagge. Mit dem Sturz des Regimes der Duvaliers 1986 wurde die Flagge des siegreichen Befreiungskampfes – horizontal blau über rot gestreift – unter dem Druck des Volkes wieder eingeführt.

Staatswappen

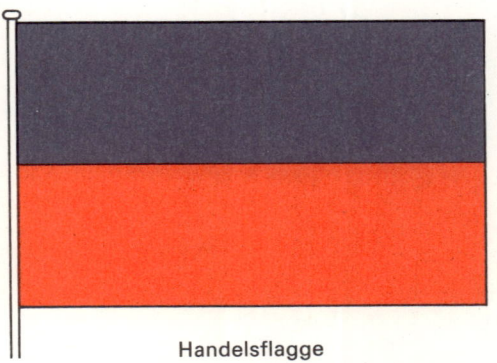

Handelsflagge

Nationalflagge

Staatswappen

✳ Im Zentrum des Wappens der Republik Honduras ist wie in den Wappen anderer mittelamerikanischer Staaten ein Dreieck Ausdruck der Gleichheit und der Gerechtigkeit. In diesem Dreieck erhebt sich ein Vulkan, ein altes Symbol dieser Länder, darüber der blaue Himmel, die Sonne der Freiheit und der Regenbogen als Zeichen der friedlichen Entwicklung. Die Verbindung von zwei Türmen durch den Regenbogen deutet die Bereitschaft zum Schutz des Landes an. Das Dreieck zwischen den beiden Ozeanen steht auch stellvertretend für die mittelamerikanische Landbrücke. Ein Hochoval mit der Aufschrift „REPUBLICA DE HONDURAS LIBRE SOBERANA E INDEPENDIENTE 15 DE SEPTIEMBRE DE 1821" (Freie, souveräne und unabhängige Republik Honduras, 15. September 1821) umschließt die Darstellung und ruht auf einem mit Eichen und Kiefern bewachsenen Berg. Landwirtschaftliches Gerät, Bergmannswerkzeug (Gezähe), eine Bauernhütte und die Eingänge von Bergwerksstollen deuten auf das fruchtbare Land und seine Bodenschätze hin. Auch die beiden Füllhörner über dem Oval verkörpern den natürlichen Reichtum, während zwischen ihnen ein mit Pfeilen gefüllter Köcher an die indianische Urbevölkerung erinnert.

Die honduranische Flagge ähnelt denen anderer Mitgliedstaaten der ehemaligen Föderation der Vereinigten Provinzen von Mittelamerika, der Honduras bis 1838 angehörte. Zwei blaue, horizontale Streifen werden durch einen weißen voneinander getrennt, so wie Mittelamerika den Pazifik von der Karibik trennt. Fünf blaue, fünfstrahlige Sterne stehen seit 1866 für die fünf Vereinigten Provinzen und sollen die Hoffnung auf ihren erneuten Zusammenschluß ausdrücken.

National- und Handelsflagge

Marineflagge

Staatswappen

✳ Staatswappen der Republik Indien ist das Löwen-
kapitell der Säule, die König Aschoka im 3. Jahrhundert v. u. Z. in Sarnath bei Benares errichten ließ. Es
zeigt drei sitzende Löwen auf einer Platte (Abakus).
An ihrer Vorderseite zeigt diese Platte die Tschakra,
ein Rad mit 24 Speichen, das Symbol der Sonne und
Attribut des Gottes Wischnu. Dadurch sollen die alte
Kultur Indiens und der ewige Lauf des Lebens versinnbildlicht werden. Die Tschakra wird von einem
Pferd und einem Zebu flankiert.

Die Nationalflagge Indiens geht auf einen Entwurf
zurück, den indische Frauen der Verfassunggebenden Versammlung unterbreiteten. In der indischen

Nationalflagge

Handelsflagge

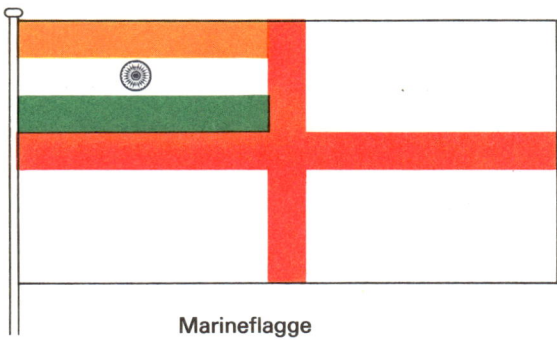

Marineflagge

Flagge sind die Ideen und Prinzipien der religiösen und politischen Philosophie Mahatma Gandhis, des Führers des indischen nationalen Befreiungskampfes, bewahrt.

Die Flagge besteht aus drei gleichbreiten, horizontalen Streifen und trägt im Zentrum des mittleren Streifens die Tschakra, das „Rad der Lehre" oder „Lebensrad". Der obere Streifen ist safrangelb und symbolisiert Opfermut, Ergebenheit und Selbstlosigkeit. Der mittlere, weiße Streifen steht für das Licht, die Wahrheit und die Einfachheit. Der grüne Streifen unten verkörpert die Verbindung mit dem Boden und der Natur.

Präsidentenflagge

Staatswappen

✷ Die Republik Indonesien wählte einen goldenen Adler, Garuda genannt, zu ihrem Wappentier. Der Garuda ist eine mythische Figur der alten indonesischen Literatur und in zahlreichen Tempeln, erbaut zwischen dem 6. und 16. Jahrhundert, dargestellt. Er symbolisiert die Schöpferkraft und die Arbeit des Menschen. Seine goldene Farbe steht für die Größe der Nation, das Schwarz seiner Konturen verkörpert die Natur.

Die siebzehn Federn seiner Schwingen, acht Schwanzfedern und fünfundvierzig Federn des Halsgefieders symbolisieren das Datum der Ausrufung der Unabhängigkeit, den 17. August 1945.

In seinen Fängen hält der Garuda ein Band mit der Devise „BHINNEKA TUNGGAL IKA" (Einheit in der Vielfalt). Dieser alte javanische Wahlspruch wurde im 15. Jahrhundert von Empu Tantular im Königreich Majapahit geprägt. Heute symbolisiert er die trotz unterschiedlicher ethnischer und kultureller Herkunft bestehende Einheit des indonesischen Volkes.

Die Brust des Garuda bedeckt ein gevierter Schild, der einen Mittelschild trägt. Der Schild versinnbildlicht die Selbstverteidigung Indonesiens und bedeutet sowohl Kampf als auch Schutz. Das Rot und das

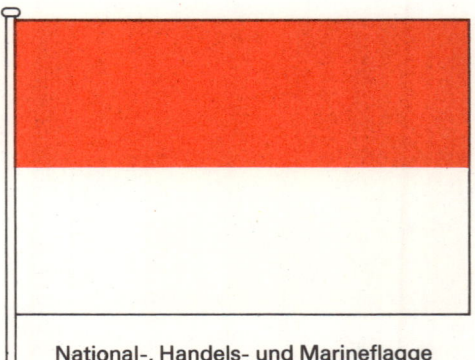

National-, Handels- und Marineflagge

Weiß des Hintergrundes seiner vier Felder wiederholen die Farben der Flagge. Der Balkenfaden, der in der Mitte des Schildes verläuft, stellt den Äquator dar, der die Inselrepublik durchquert.

Die fünf Felder (vier Felder des Hauptschildes und der Herzschild) stehen für die fünf Prinzipien der indonesischen Staatsphilosophie, Pancasila genannt, die in der Verfassung des Landes fixiert sind.

Der goldene Stern auf schwarzem Grund steht für das erste Prinzip „Glaube an einen Gott". Die geschlossene Kette erinnert an die ununterbrochene Kontinuität der Menschheit. Die runden Kettenglieder verkörpern die Frauen, die eckigen die Männer. Sie bilden das zweite Prinzip „Gerechte und zivilisierte Menschlichkeit" und stehen für den Humanismus und die Gleichheit der Menschen. Der Beringinbaum, eine Abart des indischen Feigenbaums, ist das Sinnbild des dritten Prinzips „Einheit Indonesiens" und bekräftigt das Selbstbewußtsein, die Selbständigkeit des Landes. Das vierte Prinzip „Demokratie, geführt durch die Weisheit der Beratung der Vertreter des Volkes" findet seinen Ausdruck im schwarzen Schä-

del des Banteng-Büffels (Bos javanicus) auf rotem Grund, der für die Souveränität des Landes steht. Das fünfte Prinzip „Soziale Gerechtigkeit für die Gesamtheit des indonesischen Volkes" ist — gold auf weiß — in der Reisähre und den Baumwollkapseln dargestellt und soll das Wohlergehen des Volkes bekräftigen.

Die Flagge Indonesiens besteht aus zwei horizontalen Streifen Rot über Weiß und wird „Sang Saka Merah Putih" genannt. Die Farben Rot und Weiß wurden früher schon von den Inselbewohnern verwendet, da sie leicht zu beschaffen waren. Weiß ist die natürliche Farbe des Baumwollstoffes, Rot die schon im Altertum am häufigsten gebrauchte, haltbare Farbe, die aus Mollusken, aber auch aus Pflanzen gewonnen wurde. Den historischen Ursprung der indonesischen Flaggenfarben wies der Historiker Mohammed Jamin in einer Monographie nach. Die Flagge wurde noch unter der japanischen Besetzung erstmals am Tag der Proklamation der Unabhängigkeit Indonesiens, dem 17. August 1945, gehißt und später in Artikel 35 der Verfassung von 1945 festgelegt.

Präsidentenflagge

✳ Wappen der Republik Irak ist der gold-schwarze Adler Saladins, der auf seinem Brustschild eine Darstellung der Nationalflagge zeigt. Der Adler sitzt auf einem Schild — grün mit goldenem Rand —, auf dem in goldfarbener, kufischer Schrift der Name des Staates, „Al-Jumhouriya al-Iraqiya", geschrieben ist.

Die Nationalflagge der Republik Irak zeigt die arabischen Farben in drei gleichbreiten, horizontalen Streifen Rot über Weiß über Schwarz. Im weißen Mittelstreifen befinden sich, gleichmäßig verteilt, drei grüne Sterne. Sie wurden nach 1963 angebracht unter dem Gedanken einer möglichen Föderation mit Ägypten und Syrien, die bereits seit 1958 Flaggen in den arabischen Farben führen.

Staatswappen

National- und Handelsflagge

Staatswappen

★ 1980 wurde das Wappen der Islamischen Republik Iran eingeführt. Grundlage seiner Gestaltung bildet das Wort „Allah" (Gott). Damit soll dem Charakter und Inhalt der Politik des Staates Ausdruck verliehen werden. Die Gestaltung soll aber auch ein Buch, den Koran, und die islamische Religion symbolisieren.

In der Mitte stellt eine Senkrechte ein Schwert dar, Symbol der Stärke und Macht, dessen Bedeutung durch das darüber befindliche Dopplungszeichen verstärkt wird. Die vier Bögen rechts und links des Schwertes sind Hinweise auf das Wachstum, und zusammen mit dem Schwert stehen sie für die fünf Glaubensgrundsätze des Islams. Schließlich soll die symmetrische Gestaltung des Wappens Ausdruck des Gleichgewichts sein.

Die Flagge greift die alten drei horizontalen Streifen Grün über Weiß über Rot auf, die seit Anfang des 20. Jahrhunderts im Iran offiziell gebräuchlich sind, deren Ursprünge aber einzeln genommen weiter zurückreichen. Grün verkörpert die Fruchtbarkeit des Landes, Weiß den Frieden, und Rot wird als Ausdruck der Stärke und der Macht betrachtet. Im Zentrum des weißen Streifens befindet sich das Wappen, das hier in roter Farbe abgebildet ist. Der grüne und der rote Streifen tragen an ihren Kanten zum weißen Streifen je elfmal die Formel „Allah ist groß" als Hinweis auf den Einfluß des Islams, zu dem sich 98% der Landesbewohner bekennen, und zur Erinnerung an den Tag des Sieges der islamischen Revolution im Iran, dem 22. Bahman nach persischem Kalender bzw. 11. Februar 1979.

Nationalflagge

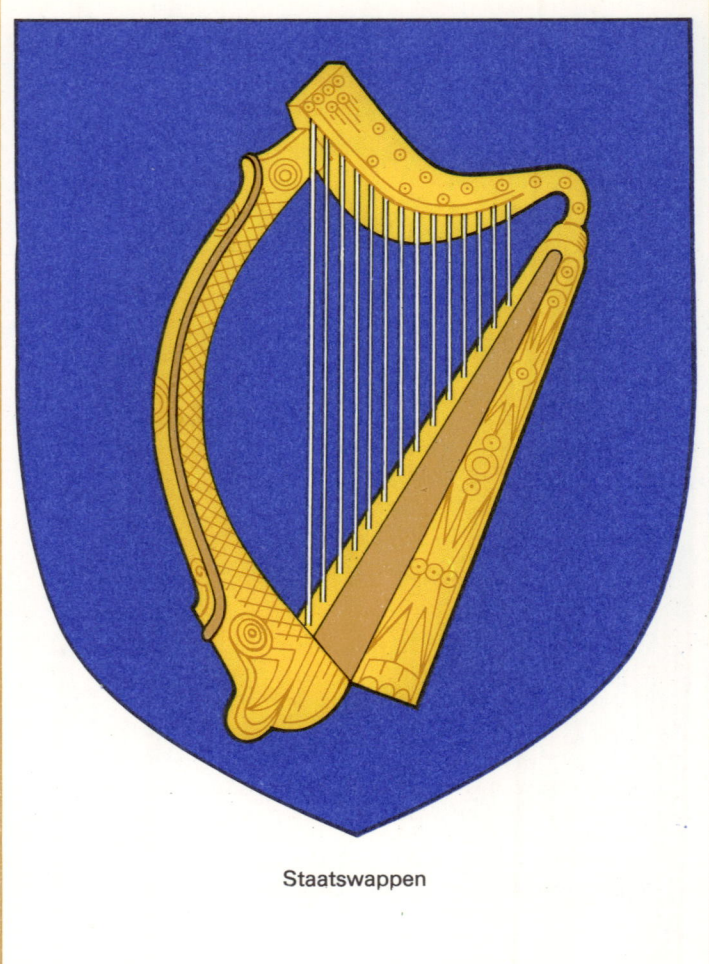

Staatswappen

✳ Irland nahm 1937 den alten keltischen Namen „ÉIRE" an. Sein Wappen ist eine goldene Harfe auf blauem Grund, ein jahrhundertealtes, irisches Nationalsymbol. Als Vorbild dafür diente die Brian-Boru-Harfe, die im Nationalmuseum in Dublin aufbewahrt wird.

National-, Handels- und Marineflagge

Die Flagge des Staates, der den größten Teil der „grünen Insel" Irland einnimmt, zeigt drei senkrechte Streifen. Der grüne Streifen am Liek steht für das Land und die katholische Bevölkerungsmehrheit. Der orangefarbene Streifen am fliegenden Ende verkörpert den protestantischen Teil der Bevölkerung. Frieden und Eintracht, die zwischen beiden Bevölke-
rungsteilen zum Wohle des Landes herrschen sollten, symbolisiert der weiße Mittelstreifen.

Der Ursprung der Dreistreifenflagge liegt in der irischen antibritischen Freiheitsbewegung zu Beginn des 19. Jahrhunderts. Die Flagge soll erstmals im Jahre 1830 gezeigt worden sein, wurde aber erst 1921 offiziell eingeführt.

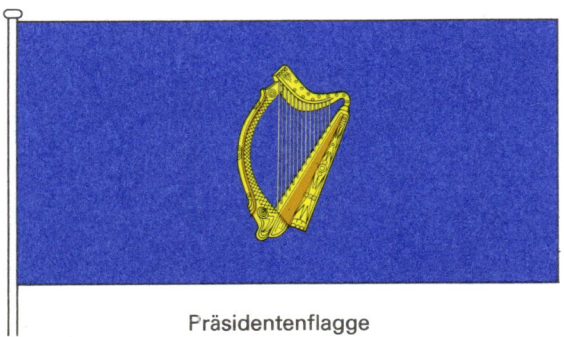

Präsidentenflagge

Staatswappen

★ Ein großer Basaltblock in der Form der auch „Einsiedlerin des Atlantik" genannten Insel bildet das Postament, auf dem der Wappenschild in den Farben der Nationalflagge des Landes ruht. Das Wappen, in der gegenwärtigen Form seit 1944 gültig, greift auch auf die isländische Sagenwelt zurück: Als Schildhalter dienen die in den „Heimskringla" genannten Schutzgeister der Insel, Stier und Greif auf der einen, Riese und Drache auf der anderen Seite des Schildes.

National- und Handelsflagge

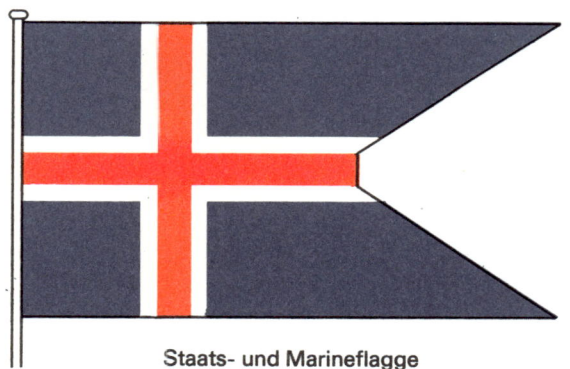

Staats- und Marineflagge

Die Farben der Flagge gehen auf einen Entwurf zurück, der 1913 durch königlich-dänisches Dekret offiziell und vom Althing 1915 bestätigt wurde. Die Flagge zeigt die norwegischen Farben in umgekehrter Reihenfolge zur Erinnerung an die historische Zugehörigkeit zu Norwegen. Das skandinavische Kreuz deutet auf die engen Beziehungen zu den nordischen Ländern und kann auf das Vorbild des Danebrog zurückgeführt werden. Die Farben werden mit dem Namen der Insel – „Land der Vulkane und Geysire" – in Verbindung gebracht. Blau, seit alters als „isländische Farbe" betrachtet, steht für das Meer und die hohen Gipfel der Berge, Rot symbolisiert das Feuer der Vulkane und Weiß die Fontänen der Geysire.

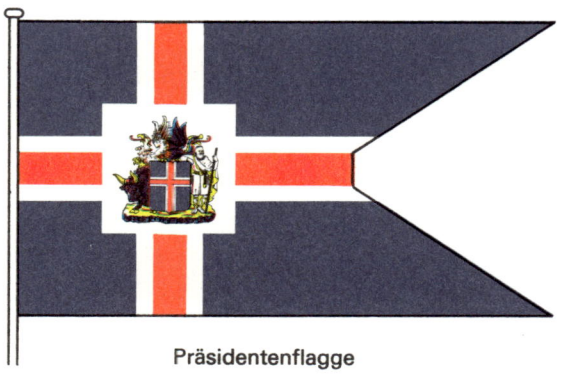

Präsidentenflagge

Staatswappen

✳ Das Wappen des Staates Israel wurde im Jahre 1949 offiziell eingeführt. Es zeigt auf einem blauen Wappenschild einen silbernen, siebenarmigen Leuchter (Menorah). Ein solcher Leuchter soll im Tempel von Jerusalem gestanden haben und von den römischen Truppen unter Titus nach Zerstörung Jerusalems im Jahre 70 u. Z. nach Rom gebracht worden sein. Die Darstellung umgeben auf den Seitenrändern des Schildes angeordnete silberne Olivenzweige, zwischen denen sich am unteren Rand der Name „Israel" in hebräischer Schrift befindet.

Die Gestaltung der Flagge Israels erinnert an den jüdischen Gebetsschal, die „Talith" — weiß und an den Längsseiten schmale, blaue Streifen. Im Zentrum der Flagge befindet sich der sechsstrahlige Davidstern, ein Hexagramm, zusammengesetzt aus zwei gleichseitigen Dreiecken, aus dem Altertum bekannt

Nationalflagge

Handelsflagge

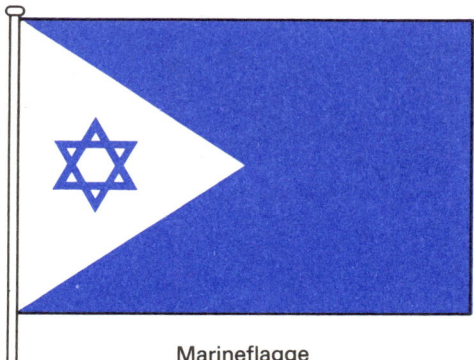

Marineflagge

als von Astrologen und Alchimisten gebrauchtes Symbol zur Geisterbeschwörung. Das mit einer Spitze nach unten zeigende Dreieck bedeutet „Wasser", das mit einer Spitze nach oben zeigende „Feuer". Das Symbol des Hexagramms soll sich auf dem Schild König Davids (1010/970 v. u. Z.) als Zaubersymbol zur Abwehr böser Geister befunden haben. Der Flaggenentwurf wurde erstmals 1897 auf dem zionistischen Weltkongreß in Basel vorgestellt und 1948 von Israel offiziell eingeführt.

Die Handelsflagge und die Marineflagge sind blau, mit einem weißen Hochoval bzw. gleichseitigen Dreieck am Liek versehen, das den blauen Davidstern trägt.

Präsidentenstandarte

✳ Im Jahre 1796 zeigten die Uniformen der Milizen der Lombardei die italienischen Farben Grün, Weiß und Rot, die nach unbestätigten Überlieferungen bereits von der Bevölkerung Mailands Anfang des 16. Jahrhunderts verwendet worden sein sollen. Die von Napoleon Bonaparte 1796 bestätigten Flaggen der lombardischen Legion zeigten die gleichen Farben. Ein Jahr später erschienen die ersten italienischen Flaggen mit drei Streifen grün-weiß-rot, damals allerdings noch in horizontaler Anordnung. Die senkrechten Streifen wurden 1805 eingeführt und von Napoleon offiziell als Flagge Italiens bestätigt. Dabei dürfte die französische Trikolore Pate gestanden haben.

Auch die 1946 ausgerufene Italienische Republik gab sich die Farben Grün, Weiß und Rot in der senkrecht gestreiften Flagge.

Interessant sind die Handels- und die Marineflagge, die im Zentrum des weißen Streifens einen Wappenschild tragen. Dieser Schild faßt in seinen vier Feldern die Wappen vier ehemaliger Stadtrepubliken zusammen: auf rotem Grund den goldenen, geflügelten Löwen von St. Markus für Venedig, auf weißem Feld das rote, gerade Kreuz St. Georgs für

Staatswappen

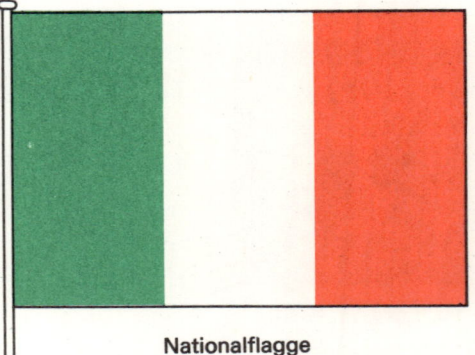

Nationalflagge

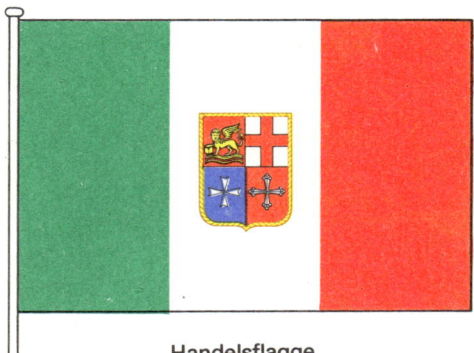

Handelsflagge

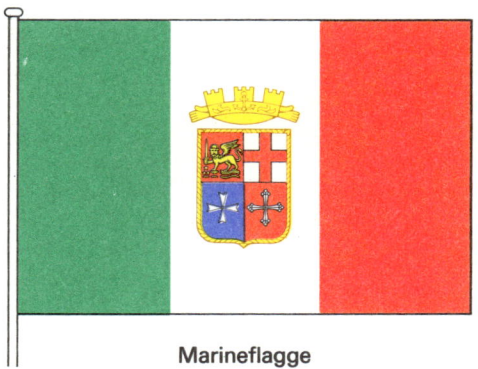

Marineflagge

Genua, auf blauem Grund das weiße Malteserkreuz für Amalfi und auf rotem Grund das weiße, gerade Kreuz für Pisa. Über dem Wappenschild in der Marineflagge befindet sich die sog. Schiffskrone des alten Rom. Die Felder für Venedig sind in den beiden Flaggen verschieden. Während der Löwe sich in der Handelsflagge mit der rechten Pranke auf ein aufgeschlagenes Buch als Zeichen des friedlichen Handels stützt, trägt er in der Marineflagge in der rechten ein blankes Schwert und hält das geschlossene Buch unter seiner linken Pranke.

Das Wappen der Italienischen Republik wurde erst 1946 geschaffen. Es zeigt einen rotbordierten fünfstrahligen Stern als Symbol der einheitlichen Nation und ihrer Republik. Unter dem Stern liegt ein graues Zahnrad, Sinnbild der Arbeit und der Schöpferkraft des Menschen. Umgeben wird diese Darstellung von einem Olivenzweig, dem Zeichen des Friedens und der südlichen Regionen, und einem Eichenzweig, Zeichen der Kraft und der Stärke sowie Verkörperung der nördlichen Gebiete des Landes. Unten werden die Zweige durch ein rotes Band zusammengehalten, das die Staatsbezeichnung „REPUBBLICA ITALIANA" als Aufschrift trägt.

Detail der
Handelsflagge

Detail der
Marineflagge

Staatswappen

✴ Das Wappen der Inselrepublik Jamaika, die 1962 die Unabhängigkeit erlangte, wurde bereits 1662 der damaligen englischen Kolonie verliehen. Mit einigen Änderungen 1957 bestätigt, trägt es seit 1962 die noch heute gebräuchliche Devise.

Es zeigt auf einem weißen Wappenschild das rote, gerade Georgskreuz, das mit fünf goldenen Ananasfrüchten besetzt ist. Damit erinnert es an die Eroberung der Insel durch England im Jahre 1655 und an die Fruchtbarkeit des Bodens. Das Oberwappen bildet ein Helm mit gelben, an der Unterseite hermelinbesetzten Helmdecken, über dem auf einem rot-weißen Wulst ein brauner Baumstamm ein Jamaika-Krokodil trägt. Als Schildhalter dienen zwei Ureinwohner der von Kolumbus bei der Entdeckung (1494) Saint Jago (Santiago) genannten Insel. Es sind Angehörige des Stammes der Aruak-Indianer. Die Frau trägt

National- und Handelsflagge

einen Korb mit Früchten, der Mann stützt sich auf einen Bogen. Schild und Schildhalter ruhen auf einem Band mit der Devise „OUT OF MANY, ONE PEOPLE" (Aus vielerlei Herkunft ein Volk).

Die 1962 eingeführte Flagge Jamaikas zeigt ein goldenes Diagonalkreuz, das die Flagge in vier Dreiecke teilt, das obere und das untere sind grün, die beiden anderen schwarz. Schwarz steht für die überwundenen Härten der Vergangenheit und die noch zu bewältigenden Schwierigkeiten. Gold dient als Sinnbild für die natürlichen Reichtümer des Landes und die Schönheit des Sonnenlichts, und Grün ist das Symbol der Hoffnung und der landwirtschaftlichen Produktivität.

Die Flagge verkörpert den einheimischen Spruch „Härten gibt es, aber das Land ist grün und die Sonne scheint", der den Optimismus für die Zukunft des Landes zum Ausdruck bringt.

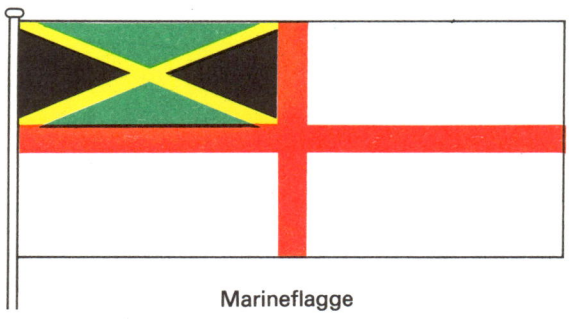

Marineflagge

Kaiserwappen

✶ Wappen und Flagge Japans wurden im 19. Jahrhundert offiziell eingeführt. Das Wappen stellt eine stilisierte Chrysanthemenblüte mit sechzehn Blütenblättern dar, eigentlich eines der heraldischen Symbole (Mon) des japanischen Kaisers (Tenno). Die Farbe der Darstellung, in der Regel Gold, hat keine spezielle Bedeutung. Die gerade Zahl sechzehn der Blütenblätter ist magischen Ursprungs.

Die japanische Flagge, ein roter Kreis auf weißem Flaggentuch, wird mit dem Namen „Land der aufgehenden Sonne" in Verbindung gebracht, wobei die Legende der Sonnengöttin Amaterasu, der mythologischen Ahnherrin des Kaiserhauses, eine besondere Rolle zuschreibt.

Die weiße Grundfarbe des Flaggentuches gilt als Zeichen des Friedens, der Ruhe und der Sicherheit. Die rote Sonnenscheibe, japanisch Hinomaru genannt, wird auf die Zeit der Herausbildung des japani-

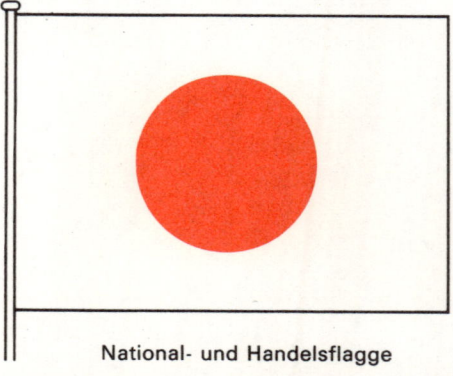

National- und Handelsflagge

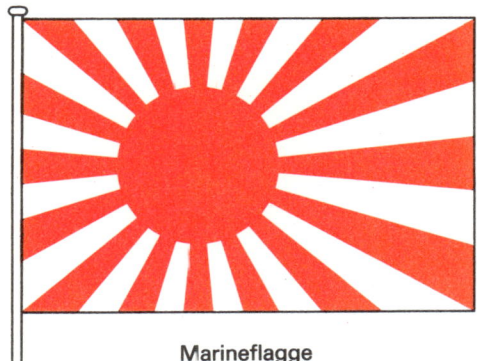

Marineflagge

schen Staates zurückgeführt. Zu Beginn des 17. Jahrhunderts zwangen die Shogune (die tatsächlichen politischen und militärischen Machthaber) aus dem Geschlecht der Tokugawa die einzelnen Daimyos (Fürsten) unter ihre Herrschaft. Das Familienzeichen (Mon) der Tokugawa war eine rote Kreisscheibe, die häufig auf einem weißen Tuch gezeigt wurde. 1856 festgesetzt, fand die weiße Flagge mit der roten Sonnenscheibe in ihrem Zentrum 1860 erstmals im Ausland Verwendung. Die offizielle Proklamation der Flagge durch die japanische Regierung erfolgte erst 1870, und noch zwei Jahre später, bei der Eröffnung der ersten japanischen Eisenbahnlinie 1872, wurde die Flagge im Lande selbst zum ersten Mal gezeigt.

Kaiserflagge

Staatswappen

★ Die Hoheitszeichen der Jemenitischen Arabischen Republik wurden 1963 eingeführt.

Das Wappen stellt einen Adler dar, der die Kraft des Volkes und seine Freiheit symbolisiert. In seinen Fängen hält er zu beiden Seiten die Flagge des Landes und ein Band mit der Staatsbezeichnung „Al-Jumhouriya al-Arabiya al-Jamaniya" in arabischer Schrift.

Mit seinen ausgebreiteten Schwingen beschützt der Adler das Land. Der Adler trägt einen Brustschild mit der Darstellung des Ma'rib-Staudammes, der bereits vor 3000 Jahren geschaffen wurde und bis zum Jahre 570 unserer Zeitrechnung existierte. Über dem Staudamm ist ein Kaffeezweig abgebildet.

Die Flagge der Jemenitischen Arabischen Republik besteht aus drei horizontalen, gleichbreiten Streifen. Der obere Streifen ist rot und symbolisiert die Revolution, der mittlere, weiße, deren Prinzipien, während der untere, schwarze Streifen an die Leiden des Volkes in der Zeit der Gewaltherrschaft und der Reaktion erinnern soll. Der grüne, fünfstrahlige Stern in der Mitte des weißen Streifens ist Sinnbild der Fruchtbarkeit des Landes.

Nationalflagge

Staatswappen

✷ Die Hoheitszeichen der Volksdemokratischen Republik Jemen wurden 1967 eingeführt und fanden in der Verfassung von 1970 ihre Bestätigung.

Das Wappen ist der stilisierte goldene Saladinadler, der auf einem Brustschild die Darstellung der Nationalflagge trägt. In den Fängen hält er ein Schild, das mit der Staatsbezeichnung in arabischer Sprache beschriftet ist: „Jumhouriya al-Jaman al-Dimukratiya ash-Shaabiya".

Die Flagge der Volksdemokratischen Republik Jemen zeigt die arabischen Farben Rot, Weiß und Schwarz in horizontalen Streifen von gleicher Breite. Rot steht für die Revolution, Weiß für die Reinheit ihrer Ideen und Schwarz für das abgeschüttelte Joch der feudalen, reaktionären Herrschaft. Ein blaues Dreieck am Liek symbolisiert das Volk des Landes, der rote Stern in seinem Zentrum den revolutionären Geist und die Einheit des Volkes.

Nationalflagge

Königswappen

✳ Bereits 1921 entwarf Emir Abdallah ibn Hussain (1946/51 König) das Wappen des heutigen Haschemitischen Königreiches Jordanien. Es zeigt einen auf einem Erdball stehenden Adler, der seine Schwingen schützend ausbreitet und die weltumspannende Herrschaft des Islams symbolisieren soll. Der Globus wird durch einen runden, mit Ornamenten geschmückten Schild teilweise verdeckt, hinter dem zu beiden Seiten traditionelle Waffen – Pfeile, Bogen und Schwer-

Nationalflagge

ter – sowie zwei Fahnen hervorragen. Unten wird der Schild umrahmt von einer Weizenähre und einem Palmenzweig; sie verkörpern Fruchtbarkeit und friedliche Gesinnung. Ein Spruchband trägt in arabischer Sprache die Inschrift „Der König des Haschemitischen Königreiches Jordanien, al Hussain bin Talal bin Abdallah, bittet Allah um die Gewährung von Hilfe und Erfolg". Unter dem Band ist der Orden der Wiedererweckung abgebildet.

Die Flagge Jordaniens zeigt die arabischen Farben, die bereits Bestandteile der Flagge des Königreiches Hedschas waren. Der weiße, siebenstrahlige Stern verweist auf die seit dem 10. Jahrhundert gültigen sieben Lesarten des Korans. Die horizontalen Farbstreifen sind schwarz, weiß und grün. Schwarz ist die Farbe des dritten Kalifen Othman (Familie der Abbasiden), Weiß die für den ersten Kalifen Abu Bakr (Familie der Omaijaden) und Grün die für den vierten Kalifen Ali (Familie der Fatimiden). Das rote Dreieck am Liek, das den Stern trägt, wird auf den zweiten Kalifen Omar zurückgeführt und gilt als Symbol der Familie der Haschemiten.

Königsflagge

Staatswappen

* Das Wappen der Sozialistischen Föderativen Republik Jugoslawien zeigt auf weißem Grund einen Kranz von Getreideähren, Ausdruck der friedlichen Arbeit des Volkes. In seinem Zentrum befinden sich sechs Fackeln für die sechs Republiken, die die föderative Republik bilden. Ihre Flammen vereinigen sich und weisen auf den darüber schwebenden roten, goldbordierten Stern, Symbol der Zusammengehörigkeit der Völker der Föderation und Ausdruck der Gesellschaftsordnung. Die Getreideähren des Kranzes werden unten von einem blauen Band umwunden. Es trägt das Datum „29. XI. 1943", des Tages, an dem die Vertreter der demokratischen und patriotischen Or-

Nationalflagge

Handelsflagge

Marineflagge

ganisationen der Volksbefreiungsbewegung in Jajce die grundlegenden Beschlüsse für die zukünftige Entwicklung des Landes faßten.

Die Flagge zeigt in drei horizontalen Streifen die seit 1918 in jugoslawischen Flaggen üblichen Farben Blau, Weiß und Rot, die auch in den Flaggen anderer slawischer Völker zu finden sind. In der Mitte befindet sich ein großer roter, goldumsäumter Stern als Zeichen der Zusammengehörigkeit der Völker der Föderation und der sozialistischen Ordnung des Landes.

Präsidentenflagge

Kambodscha

✳ Das ganz in Gelb, der Farbe der buddhistischen Religion, gehaltene Wappen zeigt ein Zahnrad und Reisähren. Sie symbolisieren die miteinander verbundenen Klassen der Arbeiter und Bauern; die in ihr Bündnis einbezogene Intelligenz wird durch ein aufgeschlagenes Buch verkörpert. Diese das Land gestaltenden Kräfte werden von zwei Fabelwesen – in traditionellem Stil dargestellten Löwen, von denen der eine einen Elefantenkopf hat – vor allem Bösen beschützt. Den oberen Teil des Wappens bildet eine Sonne als Spenderin von Licht und Leben. Eine stilisierte Schlange in der Mitte der Sonne wird als Symbol einer glücklichen Zukunft und Beschützerin der Tradition angesehen.

Die Flagge ist in eine rote obere und eine blaue untere Hälfte geteilt. Sie greift damit die bereits im vorigen Jahrhundert in Kambodscha gebräuchlichen Flaggenfarben auf. Im Zentrum befindet sich in Gelb eine Darstellung der Tempelruine von Angkor Vat mit ihren fünf Türmen. Diese größte und bedeutendste Tempelanlage des alten Khmerreiches wurde im 12. Jahrhundert errichtet. Nachdem die Stadt Angkor Mitte des 15. Jahrhunderts aufgegeben und von den Bewohnern verlassen worden war, überwucherte sie der Dschungel. Erst im Jahre 1860 wurde die Tempelstätte wiederentdeckt. Sie ist heute das in aller Welt bekannte Symbol Kambodschas.

Staatswappen

Nationalflagge

PAIX · TRAVAIL · PATRIE

Staatswappen

* Wappen und Flagge der Republik Kamerun stammen in ihrer Grundgestaltung aus der Zeit der Erlangung der Unabhängigkeit 1962 und wurden seither mehrmals, zuletzt im Jahre 1975, verändert. Das Wappen besteht aus einem grünen Schild mit einem goldenen Stern und einem sich nach unten weit öffnenden, roten Dreieck. Dieses ist mit der azurblauen Umrißdarstellung Kameruns belegt, auf der wiederum ein schwarzes Schwert pfahlweise und eine sandfarbene Waage als Symbole der Gerechtigkeit angeordnet sind. Das stehende rote Dreieck soll an die höchste Erhebung des Landes, den dicht an der Küste gelegenen Großen Kamerunberg, erinnern.

Oberhalb des Schildes befindet sich ein Band mit dem Wahlspruch „PAIX TRAVAIL PATRIE" (Frieden, Arbeit, Vaterland). Der Wappenschild liegt auf zwei gekreuzten Liktorenbündeln.

Die Flagge Kameruns zeigt drei senkrechte Streifen, Grün, Rot und Gelb, d. h. die afrikanischen Farben. Der grüne Streifen verkörpert die Naturreichtümer des Landes, der rote die Souveränität des Staates, während der gelbe Streifen die Erde und die Sonne des afrikanischen Kontinents symbolisiert. Trug der grüne Streifen früher im oberen Teil zwei gelbe Sterne, stellvertretend für die beiden Landesteile, das ehemals französische Ostkamerun und das ehemals britische Westkamerun, so ist seit 1972 der rote Mittelstreifen als Zeichen des einheitlichen Staates im Zentrum mit einem goldenen, fünfstrahligen Stern belegt.

Nationalflagge

Staatswappen

* Das Wappen Kanadas läßt deutlich die britische Herkunft erkennen; 1921 wurde es von König Georg V. verliehen. Es zeigt einen zweifach geteilten Schild. Das Schildhaupt ist gespalten und trägt im ersten Feld auf rotem Grund die drei goldenen Löwen für England und im zweiten Feld auf goldenem Grund den roten Löwen und das rote Lilienbord für Schottland. Auch die Mittelreihe ist gespalten. Das so entstandene dritte Feld zeigt auf blauem Grund die goldene Harfe Irlands, das vierte Feld erinnert mit drei goldenen Lilien auf blauem Grund an Frankreich, denn 6,2 Millionen Einwohner Kanadas sind französischer Abstammung. Den gesamten Schildfuß nimmt ein weißes Feld ein mit der Abbildung von drei — seit 1957 roten — Ahornblättern.

Der Schild wird vom britischen Löwen und vom schottischen Einhorn gehalten, die an silbernen Turnierstangen die britische „union flag" bzw. die französische Lilienflagge tragen. Das Oberwappen bilden ein goldener Helm mit rot-weißen Helmdecken, dar-

National-, Handels-, Staats- und Marineflagge

Detail des
Staatswappens

über der gekrönte britische Löwe, auf rot-weißem
Wulst stehend und ein rotes Ahornblatt mit der rechten Pranke präsentierend. Über dieser Darstellung
schwebt die Tudorkrone des britischen Königshau-
ses. Ein Band mit der lateinischen Devise „A MARI
USQUE AD MARE" (von Meer zu Meer) deutet die
Ausdehnung Kanadas in Ost-West-Richtung an; unter
dem Band ein Gebinde aus Rosen für England, Lilien
für Frankreich, Disteln für Schottland und Kleeblät-
tern für Irland.

Im Januar 1965 wurde die heutige kanadische
Flagge proklamiert. Da das Ahornblatt schon seit
dem 18. Jahrhundert als Symbol Kanadas angesehen
und immer wieder offiziell benutzt wurde und die
Farben Rot und Weiß zu Farben Kanadas erklärt wurden, zeigt die Flagge auf rotem Grund ein über die
volle Breite der Flagge reichendes weißes Quadrat, in
dessen Zentrum ein stilisiertes rotes Ahornblatt dargestellt ist.

Kapverden

✳ Das Wappen der Republik der Kapverden besteht aus den Symbolen der landwirtschaftlichen Produktion, Maiskolben mit Blättern, die kreisförmig angeordnet und an der Basis verbunden sind. Im Innern dieses Kranzes befindet sich ein weißes Rad mit dem Wahlspruch der Republik in portugiesischer Sprache: „UNIDADE TRABALHO PROGRESSO" (Einheit, Arbeit, Fortschritt). Im Zentrum des Rades ist ein Zahnrad auf einem aufgeschlagenen Buch dargestellt. Damit sollen die Anstrengungen zur Entwicklung von Wirtschaft, Kultur und Bildung verdeutlicht werden. Über ihnen ist ein schwarzer, fünfstrahliger Stern angebracht, das Symbol der afrikanischen Menschen, die mit der Unabhängigkeit den Frieden und ihre Würde zurückgewannen. Am Fuß des Kranzes befindet sich als Hinweis auf die maritime Lage der Republik eine gelbe Muschel.

Wie das Wappen wurde auch die Flagge der Kapverden 1975 mit der Erlangung der Unabhängigkeit eingeführt. Sie besteht aus drei gleichen Streifen in den afrikanischen Farben Rot, Gelb und Grün. Der rote Streifen steht senkrecht am Liek, während der gelbe über dem grünen Streifen horizontal verläuft.

Rot erinnert an das Blut der Märtyrer und Helden des Befreiungskampfes, an die Leiden des Volkes während der Kolonialherrschaft. Es ist Zeichen des Kampfes, der Arbeit und der Revolution. Der grüne Streifen widerspiegelt die tropische Natur des Landes, ist Symbol der Hoffnung und Gewißheit einer besseren Zukunft der Kapverden und des afrikanischen Kontinents. In dem gelben Streifen werden die Früchte der Arbeit für die Befreiung, den Wohlstand und die Kultur des Volkes der Kapverden gesehen. Im Zentrum des roten Streifens das Emblem der Republik, bestehend aus dem Kranz von Maiskolben und -blättern und der gelben Muschel, die zusammen den großen schwarzen, fünfstrahligen Stern umschließen.

Staatswappen

Nationalflagge

Staatswappen

✱ Das Wappen von Katar, einem Scheichtum am Persischen Golf, zeugt von der geographischen Lage des Landes, das eine Halbinsel in dieser Region einnimmt. Mitte der siebziger Jahre wurde das Wappen eingeführt. Es zeigt ein arabisches Segelschiff sowie zwei Palmen, die auf einem schmalen Landstreifen über dem Meer aufragen. In dieser Darstellung sind sowohl die Bedeutung der Schiffahrt für das Land als auch wichtige Zweige der Landwirtschaft, die Produktion von Datteln und Kokosnüssen, verkörpert.

Die Flagge von Katar hat ihren Ursprung in Vorbildern, die schon Anfang des 19. Jahrhunderts in dieser Region gezeigt wurden. Mit dem britischen Protektoratsvertrag von 1860 wurde in die vorher einfach rote Flagge am Liek ein weißer Streifen eingefügt als sichtbares Zeichen der friedlichen Absicht und als Unterscheidungsmerkmal zu den damals in dieser Region häufig anzutreffenden Piraten. Um die Flagge von denen anderer Scheichtümer zu unterscheiden, wurde die Trennungslinie zwischen Rot und Weiß gezackt. Heute sind es offiziell 9½ Zacken. Da sich der in der Region gebräuchliche rote Farbstoff durch die intensive Sonneneinwirkung braun verfärbte, wurde 1948 die kastanienbraune Farbe offiziell festgelegt. Der früher im braunen Feld angebrachte Landesname ist im Laufe der Jahre – wahrscheinlich aus Gründen der Vereinfachung – in Wegfall gekommen.

Nationalflagge

✴ Eng mit dem Befreiungskampf des Landes verbunden sind Wappen und Flagge Kenias, das 1963 die staatliche Selbständigkeit erlangte und sich 1964 zur Republik erklärte.

Wichtige Symbole wurden von der Kenya African National Union (KANU) übernommen, die diesen Kampf geführt und organisiert hatte. Das Wappen zeigt einen Massai-Schild in den Farben der Nationalflagge. Im mittleren, roten Streifen kündet die Darstellung eines ein Beil schwingenden weißen Hahnes, Symbol der KANU, von der Rolle dieser Partei bei der Befreiung des Landes und von einem neuen Leben. Der Schild wird von zwei goldenen Löwen gehalten, die als Sinnbilder der Kraft und der Wachsamkeit gelten. Hinter dem Schild kreuzen sich zwei Speere zum Zeichen des Verteidigungswillens des Volkes. Der Schild ruht auf einer Darstellung des Mount Kenia, des höchsten Berges des Landes, dessen Fuß mit typischen Gewächsen der nationalen Landwirtschaft besetzt ist — Kaffee, Sisal, Tee, Mais und Ananas. Den unteren Abschluß des Wappens bildet ein rotes Schriftband mit der weißen Aufschrift in Swahili „HARAMBEE" (Laßt uns zusammenarbeiten).

Die Flagge übernahm die Grundelemente der 1960 geschaffenen KANU-Flagge, horizontale Streifen Schwarz über Rot über Grün. Die einzelnen Farbstreifen werden jeweils durch schmale weiße Streifen voneinander getrennt. Schwarz vertritt das freiheitsliebende Volk des Landes. Rot erinnert an den Kampf für die Freiheit, und Grün ist Ausdruck der Fruchtbarkeit und der natürlichen Reichtümer. Die beiden schmalen weißen Streifen symbolisieren die freie, friedliche Entwicklung und die Einheit des Volkes von Kenia. Im Zentrum der Flagge ist ein großer, schwarzrot-weiß gezeichneter Massai-Schild auf zwei gekreuzten Speeren liegend abgebildet.

Staatswappen

Nationalflagge

Staatswappen

✴ Die Republik Kiribati besteht aus 33 weit im südlichen Pazifik verstreuten Atollen, von denen nur 21 ständig bewohnt sind.

Das Wappen dieses Staates, der 1979 die Unabhängigkeit erhielt, stammt aus der Kolonialzeit; es wurde Anfang der fünfziger Jahre von der britischen Kolonialmacht für die Gilbert- und Elliceinseln geschaffen. (Die Gilbertinseln sind heute Hauptbestandteil von Kiribati, die Elliceinseln wurden als Republik Tuvalu 1978 unabhängig.) Der Wappenschild zeigt über blau-weißen Wellen eine goldene, aufgehende Sonne und über ihren Strahlen schwebend einen Fregattvogel auf rotem Grund – ein redendes Wappen, das von der unendlichen Weite des Pazifik, der Schönheit der sonnigen Inseln und der tropischen Lage der Inselrepublik spricht.

Die Flagge von Kiribati zeigt die gleiche Gestaltung wie das Wappen.

Nationalflagge

Staatswappen

✳ Das Wappen der Republik Kolumbien besteht aus einem Schild, der durch einen platinfarbenen Balken geteilt wird. Es wurde 1834 für Neugranada, das seit 1861 wieder Kolumbien heißt, geschaffen und bis heute fast unverändert beibehalten. Das Schildhaupt zeigt in der Mitte einen Granatapfel zur Erinnerung an den alten Namen des Landes. Zwei Füllhörner rechts und links davon, das eine überfließend von heimischen Früchten, das andere von Goldmünzen, sollen den natürlichen Reichtum des Landes, seine Fruchtbarkeit und Bodenschätze verkörpern. Im Balken eine rote Freiheitsmütze, auf einer Speerspitze hochgehalten, Symbol des Anfang des 19. Jahrhunderts begonnenen und siegreichen Freiheitskampfes gegen die spanische Kolonialherrschaft. Der Schildfuß zeigt eine Landbrücke (bis 1903 gehörte Panama zu Kolumbien) zwischen zwei Ozeanen, auf denen zwei Segelschiffe zu sehen sind, das obere unter vollen Segeln fahrend, während das untere mit gerefften Segeln vor Anker liegt. Das Oberwappen bildet ein Andenkondor, das lateinamerikanische Freiheitssymbol, der

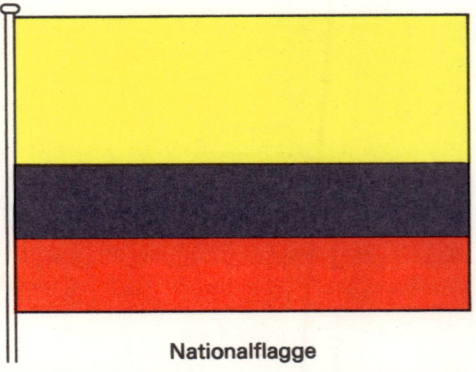

Nationalflagge

Handelsflagge

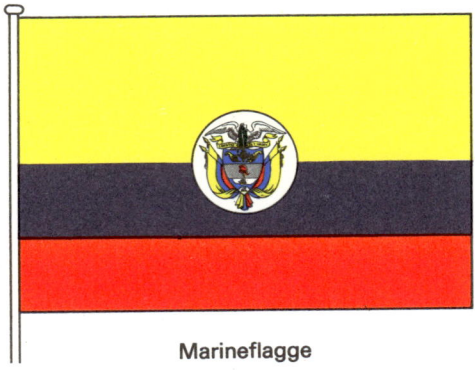

Marineflagge

einen Lorbeerkranz im Schnabel trägt und die Schwingen schützend über das Wappen breitet, in den Fängen ein Band mit der Inschrift „LIBERTAD y ORDEN" (Freiheit und Ordnung). Der Wappenschild liegt auf kreuzweise angeordneten kolumbianischen Fahnen, die vom Ruhm des Landes künden.

Die Flagge zeigt die Farben der Flagge der Republik Groß-Kolumbien, die mit dem Ausscheiden von Venezuela und Ekuador im Jahre 1830 zerfiel. Die Anordnung der Farben wird so gedeutet: Das goldene Südamerika wird durch das blaue Meer vom blutigen Spanien getrennt. Der goldene Streifen bildet die obere Hälfte der Flagge, während Blau und Rot die untere Hälfte zu gleichen Teilen einnehmen. Die Farbstreifen sollen aber auch folgende Bedeutung haben: Souveränität und Gerechtigkeit werden in dem goldenen Streifen verkörpert, Mut und Treue sollen in dem blauen ihren Ausdruck finden, und der rote soll an das Blut erinnern, das die Patrioten für die Freiheit des Landes geopfert haben.

Staatswappen

✳ Der mit vier Sternen belegte Halbmond liegt im Innern des Wappens auf den Strahlen einer Sonne, die somit auf die geographische Lage der Komoren in der Nähe des Äquators hinweist. Motto der Islamischen Bundesrepublik Komoren sind die Worte „UNITÉ – JUSTICE – PROGRÈS" (Einheit, Gerechtigkeit, Fortschritt).

Die Staatsbezeichnung ist im Staatswappen in französischer und arabischer Sprache enthalten; beide sind gleichberechtigte Amtssprachen in diesem Land.

Die Flagge der Komoren zeigt auf grünem Tuch – Grün ist die Farbe der islamischen Religion – einen weißen Halbmond. Zwischen seinen Hörnern sind vier weiße, fünfstrahlige Sterne in einer senkrechten Reihe angeordnet; damit wird auf die Gleichheit der vier Inseln, denen als Verwaltungseinheiten gewisse Autonomierechte innerhalb des Bundes zustehen, hingewiesen.

Nationalflagge

Staatswappen

✳ Die Volksrepublik Kongo führt als Wappen einen fünfstrahligen, goldenen Stern, Symbol der fünf Kontinente. Seitwärts von ihm befinden sich zwei grüne Palmwedel, Ausdruck der auf den Frieden gerichteten Politik des Landes. Zwischen den unteren Enden der Palmwedel befinden sich gekreuzt ein goldener Hammer und eine goldene Hacke, die enge Zusammenarbeit der Arbeiter und Bauern bekräftigend. Unterhalb dieser Darstellung trägt ein Band den Wahlspruch des Landes „TRAVAIL – DÉMOCRATIE – PAIX" (Arbeit, Demokratie, Frieden).

Die Flagge der Volksrepublik ist rot zum Zeichen der revolutionären Volksmacht und trägt in der Oberecke am Liek das Wappen, jedoch ohne das Band mit dem Wahlspruch. Auch in dieser Flagge sind die seit 1960 bekannten afrikanischen Farben enthalten.

Nationalflagge

Staatswappen

✳ Staudamm und Wasserkraftwerk am Amrokkang bilden den Mittelpunkt des 1948 geschaffenen Wappens der Koreanischen Demokratischen Volksrepublik. In dieser Darstellung sollen die Rolle der Arbeiterklasse und die wirtschaftliche Entwicklung des Landes, Energie und Zielstrebigkeit des Volkes bei der Gestaltung der Gesellschaft verkörpert werden. Über den sechs Berggipfeln hinter dem Staudamm leuchtet ein roter, fünfstrahliger Stern. Diese Symbole sind umgeben von einem Kranz aus Reisähren, dem Hauptprodukt der Landwirtschaft und Sinnbild der werktätigen Bauernschaft. Ein rotes Band hält die Reisähren zusammen; es trägt unten die Staatsbezeichnung in der Landessprache.

Die im gleichen Jahr wie das Wappen geschaffene Flagge besteht aus blauen, weißen und roten horizontalen Streifen mit einem roten, fünfstrahligen Stern in einem weißen Kreis im Mittelstreifen.

National-, Handels- und Marineflagge

Staatswappen

✳ Emblem Südkoreas ist das alte, mystische Symbol "Thäguk", eine durch eine liegende S-förmige Linie in zwei völlig gleiche Hälften geteilte Kreisscheibe, deren oberer Teil rot und deren unterer Teil blau ist. Dieses aus China stammende Symbol „Yang Yin" ist religiösen Ursprungs. Es bringt den Dualismus, die Verschiedenheit der Kräfte des Universums und ihre Wechselwirkungen zum Ausdruck. Die Gegensätze Feuer und Wasser, Tag und Nacht, hell und dunkel, männlich und weiblich sollen versinnbildlichen, daß trotz ständiger Bewegung innerhalb des unendlichen Kosmos gleichzeitig Ausgewogenheit und Harmonie herrschen. Dieses Emblem wird häufig auf einer weißen Hibiskusblüte mit ihren fünf Blättern dargestellt, umgeben von einem weißen Band, das im unteren Teil die Staatsbezeichnung trägt.

Die Flagge Südkoreas geht auf einen Entwurf aus dem Jahre 1882 zurück. Das weiße Flaggentuch soll das Land verkörpern; in seinem Zentrum das „Thäguk" als Sinnbild des Volkes, in den Ecken der Flagge sog. Trigramme, jeweils drei schwarze Balken, die ebenfalls das Gleichgewicht und den Gegensatz darstellen sollen und für die Regierung stehen. Die drei ungebrochenen Balken in der oberen Ecke am Liek sind das Symbol für Himmel, ihnen gegenüber drei in der Mitte gebrochene Balken als Zeichen für Erde. Die beiden ungebrochenen Balken unten am Liek, die einen gebrochenen Balken umschließen, verkörpern das Feuer, während auf der Flugseite oben ein ungebrochener Balken zwischen zwei gebrochenen das Wasser darstellt.

Nationalflagge

✷ Das Wappen der Republik Kostarika ähnelt denen anderer mittelamerikanischer Staaten, mit denen das Land 1823/38 föderiert war. Drei Vulkane stehen nebeneinander in der Mitte des Wappenschildes. Sie bilden die mittelamerikanische Landbrücke nach und erinnern an die Lage des Landes zwischen zwei Meeren. Die drei Vulkane vertreten die bekanntesten Berge des Landes, den Chirripó Grande als höchsten Berg, den Irazú als höchsten tätigen Vulkan und den Poás, dessen Krater mit 1 600 m Durchmesser der größte im Lande ist. Auf den vor und hinter dem Land befindlichen Meeren, vorn der Pazifik, hinten die Karibik, zwei unter Segeln fahrende Schiffe, dahinter die aufgehende Sonne der Freiheit. Im Schildhaupt, schwebend, sieben fünfstrahlige, weiße Sterne, stellvertretend für die sieben Provinzen des Landes, darüber zwei Myrtenzweige und ein weißes Band mit der Staatsbezeichnung „REPUBLICA DE COSTARICA". Über dem Schild schwebt ein blaues Band, zu einem Ring gebunden, mit der Aufschrift „AMERICA CENTRAL".

Die Flagge erinnert mit ihren Farben und Streifen einerseits an die Mittelamerikanische Föderation durch die Doppelung des blauen Streifens – Blau-Weiß-Blau –, andererseits an die Französische Revolution von 1789 – Blau-Weiß-Rot –; ihre Farben werden auch den Forderungen der Revolution nach Freiheit, Gleichheit, Brüderlichkeit gleichgesetzt.

Staatswappen

Handelsflagge

National-, Staats- und Marineflagge

Staatswappen

✴ Flagge und Wappen der Republik Kuba wurden bereits um 1850 entworfen. General Narciso Lopez sprach von der „Flagge, auf der man die drei Farben der Freiheit, das Dreieck der Kraft und der Ordnung sowie den Stern des zukünftigen Staates erblickt". Die drei blauen, horizontalen Streifen verkörpern die Weisheit, die Tugend und die Schönheit, die beiden dazwischen liegenden weißen Streifen die Friedensliebe, Sauberkeit der Gesinnung und Reinheit der Ideale der Revolution. Das rote, gleichseitige Dreieck am Liek steht für die republikanische Gleichheit der Weißen, der Mulatten und der Bürger afroamerikanischer Herkunft vor dem Gesetz. Der weiße, fünfstrahlige Stern in seinem Zentrum ist Ausdruck der Unabhängigkeit und der Souveränität des Landes. Die Flagge wird auch als „Estrelita Solitaria", der „einsame Stern", bezeichnet.

Der Wappenschild ist geteilt, der untere Teil gespalten. Im Schildhaupt deutet ein goldener Schlüssel zwischen zwei Landspitzen in der blauen Karibik darauf hin, daß Kuba als Schlüssel des Zugangs zum Golf von Mexiko von strategischer Bedeutung ist. Das zweite Feld zeigt die drei blauen und zwei weißen Streifen der Nationalflagge. Das dritte Feld zeigt auf einer grünen Ebene eine Palme. Sie kündet zusammen mit anderen, vor braunen Bergen aufragenden Bäumen von den natürlichen Reichtümern der Insel und von der Fruchtbarkeit ihres Bodens.

Der Schild liegt auf einem pfahlweise angeordneten Liktorenbündel als Ausdruck der Macht, gekrönt von einer roten Jakobinermütze, dem Zeichen der Freiheit, von der wiederum die „Estrelita Solitaria" leuchtet. Der Wappenschild ist umgeben von einem Kranz aus Eichen- und Kaffeezweigen.

National-, Handels- und Marineflagge

✳ Eine Dhau, ein in den Ländern des Persischen Golfes traditionell eingesetztes Segelschiff, auf blau-weißen Wellen bildet das Zentrum des kreisförmigen Wappens von Kuweit, das von den Schwingen eines Falken als Symbol der Freiheit umschlossen wird. Auf einem Brustschild trägt der Falke die Darstellung der Flagge des Landes. Im oberen Teil des Kreises befindet sich die arabische Inschrift „Daulat al-Kuweit" (Staat Kuweit), d.h. die Staatsbezeichnung. Die Dhau unterstreicht die Rolle der Schiffahrt für das Land und seine Wirtschaft.

Die Flagge Kuweits wurde 1962 eingeführt. Sie besteht aus drei gleichbreiten, horizontalen Streifen. Der grüne, obere Streifen ist das Symbol der Vergangenheit des Landes und Zeichen der vorherrschenden Religion des Islams. Der mittlere, weiße Streifen soll die Tugend, die Tatkraft und die Lauterkeit zum Ausdruck bringen. In dem roten, unteren Streifen schließlich sollen Tapferkeit und Kühnheit ihre Verkörperung finden. Ein schwarzes Trapez am Liek der Flagge wird als Sinnbild der Standhaftigkeit der Krieger auf den Schlachtfeldern der Wüste angesehen. Auch die Flagge Kuweits zeigt die bereits aus den Flaggen anderer arabischer Staaten bekannten Farben.

Staatswappen

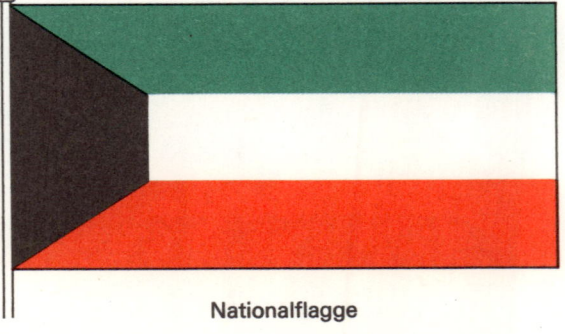

Nationalflagge

Staatswappen

★ Ende 1975, Anfang 1976 wurden Wappen und Flagge der Volksdemokratischen Republik Laos eingeführt.

Das Wappen besteht aus einem Kreis, gebildet von einem halben Zahnrad, aus dem seitwärts zwei Reisähren hervorragen. Darüber befinden sich, beiderseits einer Straße, ein Reisfeld, ein Waldstück, ein Bergwerk und der große Damm eines Wasserkraftwerks. Im oberen Teil sind Hammer und Sichel gekreuzt, über denen ein goldener, fünfstrahliger Stern leuchtet.

Das Zahnrad symbolisiert die sich entwickelnde Industrie, die Reisgarben und das Reisfeld die ertragreiche Landwirtschaft. Der Wald, das Bergwerk und das Wasserkraftwerk sind Zeugen der reichen Natur und Bodenschätze, Zeugen der Entwicklung des Landes und seiner Wirtschaft. Der goldene Stern steht für den Fortschritt und soll in die Zukunft weisen. Die gekreuzten Hammer und Sichel sind Symbole der Arbeiterklasse und der Klasse der Bauern und ihres Bündnisses, der Grundlage des Zusammenschlusses der nationalen Minderheiten und ethnischen Gruppen zum Schutz und beim Aufbau des Landes.

Die Flagge zeigt einen breiten blauen Streifen, oben und unten gesäumt von je einem schmalen roten Streifen. In der Mitte des blauen Streifens befindet sich ein weißer Kreis. Die Flagge entstand im Kampf der Befreiungsbewegung Pathet Lao gegen die Kolonialherrschaft.

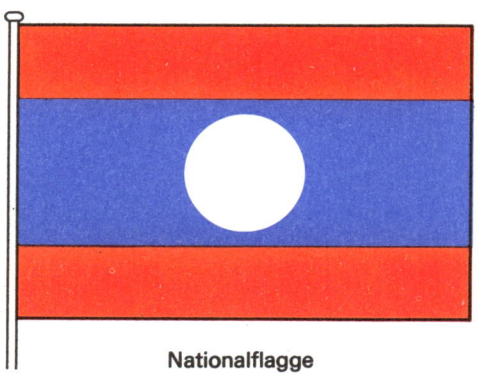

Nationalflagge

✳ Das Wappen des Königreiches Lesotho im südlichen Afrika besteht aus einem Kriegerschild der Basuto, deren Namen das Land früher trug. Auf dem Schild ist als Nationalemblem ein Krokodil abgebildet. Hinter dem Schild stehen ein Speer, eine Keule und ein Thyrsus von Straußenfedern (Häuptlingsstab) als Zeichen der Macht. Schildhalter sind zwei Pferde, die mit dem Schild auf einer Darstellung des Thaba-Bosiu stehen, eines Gebirgszuges im Süden des Landes, der dem Stamm der Sotho Schutz bot vor seinen Feinden. Am Fuß der Berge ein Band mit dem Wahlspruch: „KHOTSO PULA NALA" (Frieden, Wasser, Fülle).

Die Flagge wurde im Januar 1987 eingeführt. Das rechteckige Flaggentuch wird durch einen Schräglinksbalken von der oberen Ecke am fliegenden Ende zur unteren Ecke am Liek geteilt. Das so entstehende obere, die Hälfte der Flagge einnehmende Dreieck am Liek ist weiß, Ausdruck der Sehnsucht der Menschen dieses Landes nach einem friedlichen Leben. Der hellblaue Schräglinksbalken liegt ganz auf dem die untere Hälfte der Flagge bildenden Dreieck. Er bekräftigt mit seiner Farbe die Bedeutung des Wassers für die Entwicklung des Landes. Das Grün des restlichen Dreiecks am fliegenden Ende unterstreicht die Rolle der Landwirtschaft und ist Sinnbild des Wohlergehens. So wiederholen die drei Grundfarben der Flagge die Worte des Wahlspruchs im Wappen Lesothos. Das weiße Dreieck trägt eine hellbraune Konturendarstellung des aus dem Wappen bekannten Basuto-Schildes mit Speer, Keule und Häuptlingsstab.

Die Königsflagge trägt anstelle der Konturendarstellung das Staatswappen.

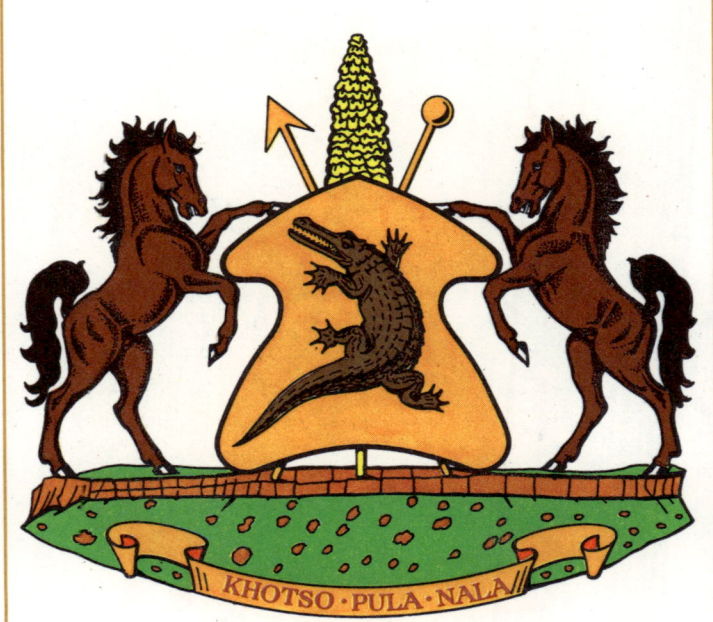

Staatswappen

Königsflagge

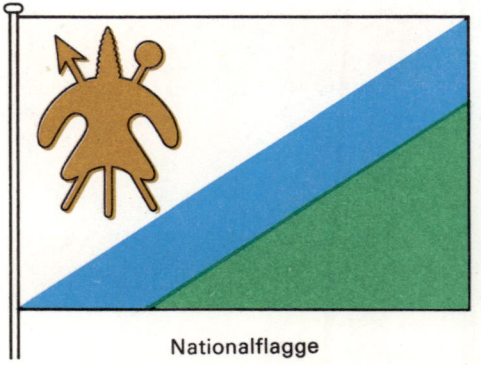

Nationalflagge

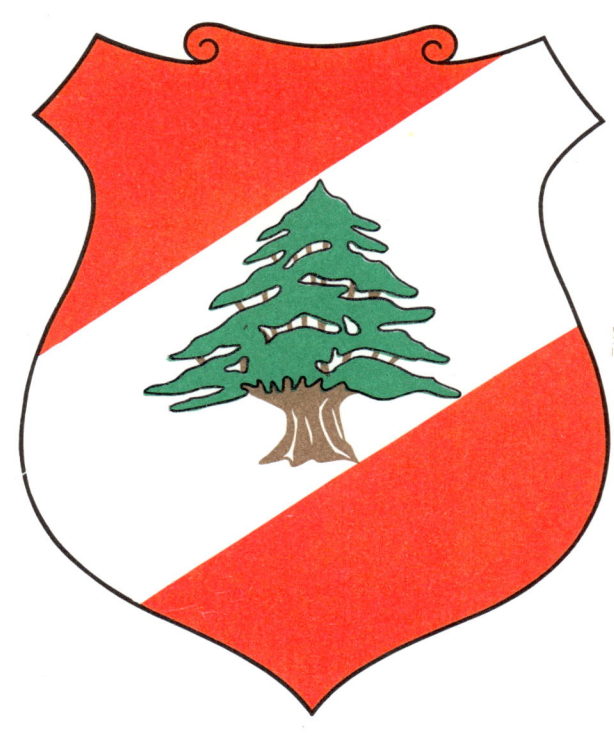

Staatswappen

★ Die Republik Libanon besitzt kein Wappen. Vielfach wird anstelle des fehlenden Wappens das Nationalsymbol, die bereits in der Bibel erwähnte Zeder, verwendet. Oft wird die Zeder dabei auf einem schräggeteilten Schild in den Flaggenfarben dargestellt.

Die Flagge Libanons besteht aus einem weißen Flaggentuch mit je einem roten Streifen an der Ober- und der Unterkante. Im Zentrum trägt sie die grüne Zeder, die als Symbol der Stärke und der Unsterblichkeit betrachtet wird und bereits unter der französischen Mandatsverwaltung (bis 1941) im Zentrum der französischen Trikolore gezeigt wurde.

Das Rot der Flagge wird als Verkörperung der Opferbereitschaft betrachtet. Der breite, weiße Mittelstreifen steht für den Frieden zwischen den ethnischen und religiösen Gruppen Libanons, der bereits 1944 zur Zeit der Schaffung der Flagge unerläßlich war.

National-, Handels- und Marineflagge

✱ Nach einer Reihe von Sklavenaufständen im Süden der USA kamen um 1820 die ersten Siedler in das Land, das sie zum Zeichen der wiedergewonnenen Freiheit „Liberia" nannten. Das Wappen des seit 1847 selbständigen Staates erzählt die Geschichte dieser Siedler. Ein Segelschiff brachte sie an die Küste des afrikanischen Kontinents zurück, wo sie mit Spaten und Pflug den durch die Palme verkörperten fruchtbaren Boden bearbeiteten und wo für sie eine neue Zeit, symbolisiert durch die aufgehende Sonne, anbrach. Vom guten Willen und der Friedenssehnsucht dieser Menschen kündet die fliegende weiße Taube. Über dem Wappenschild befindet sich auf einem Band der Wahlspruch „THE LOVE OF LIBERTY BROUGHT US HERE" (Die Liebe zur Freiheit brachte uns hierher). Das Band unter dem Schild trägt die Staatsbezeichnung „REPUBLIC OF LIBERIA".

Die Flagge hat die der USA zum Vorbild. Die elf Streifen stehen für die elf Männer, die die Unabhängigkeitserklärung unterzeichneten. Das blaue Quadrat in der Obereске am Liek symbolisiert Afrika, in dem der weiße, fünfstrahlige Stern die damals einzige, unabhängige Republik unter schwarzafrikanischer Herrschaft verkörpert. Die rote Farbe bringt Tapferkeit und Kühnheit zum Ausdruck, Weiß ist die Farbe der Reinheit und der edlen Gesinnung, während Blau die Fruchtbarkeit verkörpern soll.

Staatswappen

National-, Handels- und Marineflagge

Staatswappen

✶ Die Große Sozialistische Libysche Arabische Volksjamahiriya führt als Wappen den Falken von Koraisch. Er trägt einen grünen Brustschild und hält ein Band mit der arabisch geschriebenen Staatsbezeichnung in den Fängen.

Der Falke von Koraisch erinnert an den Propheten Mohammed, den Begründer der islamischen Religion, der dem Stamm der Koraischiten angehörte.

Die Flagge Libyens ist als einzige Flagge eines Staates einfarbig und ohne jedes Abzeichen. Ihre grüne Farbe symbolisiert den im Lande vorherrschenden mohammedanischen Glauben; Grün soll die Lieblingsfarbe des Propheten Mohammed gewesen sein.

Nationalflagge

Fürstenwappen

✳ Das Wappen des Fürstentums Liechtenstein ist das des österreichisch-mährischen Hauses Liechtenstein. Der Schild ist geteilt und gespalten, mit einem Herzschild belegt und zeigt unten eine eingepfropfte Spitze.

Der Gold über Rot geteilte Herzschild ist das liechtensteinische Stammwappen. 1957 wurde dieser Schild unter einer Fürstenkrone (Fürstenhut) als kleines Staatswappen eingeführt.

Das erste Feld des großen Wappenschildes zeigt das schlesische Wappen – auf goldenem Grund ein

Nationalflagge

gekrönter, goldbewehrter schwarzer Adler, mit einem silbernen, mit einem Kreuz besetzten Kleeblattmond auf der Brust. Das Wappen der Kuenringe bildet das zweite Feld. Es ist Gold über Schwarz achtfach geteilt und mit einem leicht gebogenen grünen Rautenkranz belegt. Das dritte Feld zeigt das Wappen des Herzogtums Troppau, einen rot-silbern gespaltenen Schild. Das vierte Feld wird vom Wappen der Grafschaft Ostfriesland bzw. Rietberg eingenommen. Es zeigt auf goldenem Grund einen gekrönten, goldbewehrten, schwarzen Jungfrauenadler.

Die unten eingepfropfte Spitze des Wappenschildes zeigt auf blauem Grund ein an einer goldenen Schnur hängendes goldenes Hifthorn (Jagdhorn), das Wappen des Herzogtums Jägerndorf. Über dem Wappen befindet sich auf dem Wappenmantel eine deutsche Fürstenkrone.

Die Flagge ist in einen oberen, blauen, und einen unteren, roten Streifen horizontal geteilt. Blau und Rot sind die alten Livreefarben des Fürstenhauses. Seit 1937 trägt die Flagge im blauen Streifen am Liek die goldfarbene Abbildung der Fürstenkrone.

Fürstenflagge

Staatswappen

✱ Das Wappen des Großherzogtums Luxemburg zeigt auf einem silber-blau zehnmal geteilten Schild den roten, steigenden, gekrönten Löwen des Hauses Limburg. Auf dem von zwei Löwen gehaltenen Schild liegt die Königskrone; sie erinnert an die Dynastie der Luxemburger, die seit Heinrich VII. (1308/13) mehrmals die deutsche Königskrone innehatte. Der Schild wird umschlungen von einem gelben, mit zwei grünen Längsstreifen versehenen Band, an dem das Abzeichen des Ordens der Eichenkrone hängt. Eine Herzogskrone krönt den Wappenmantel.

Nationalflagge

Handelsflagge

Die Flagge Luxemburgs entstand bereits 1830. Sie zeigt die im Wappen enthaltenen Farben; doch ist zur Unterscheidung von der niederländischen Flagge das Blau heller. Es gibt allerdings auch Quellen, die die Farben direkt auf die niederländische Flagge zurückführen (1815/30 war Luxemburg in Personalunion mit den Niederlanden verbunden).

Die Handelsflagge entspricht dem Wappenschild.

Großherzogsflagge

✱ Im Dezember 1975 gab sich die Inselrepublik den Namen „Demokratische Republik Madagaskar". Später erst schuf sie sich ihr Wappen. Es zeigt einen Kranz von Kaffeezweigen, von Reisähren und anderen Getreideähren, Hauptprodukten der Landwirtschaft. Innerhalb des Kranzes symbolisiert die aufgehende Sonne Zuversicht in die Entwicklung des Landes. Die Strahlen der Sonne enden in dem Namen „REPOBLIKA DEMOKRATIKA MALAGASY". Unterstützt wird dieser Eindruck durch die nebeneinander aufgestellten Symbole – Gewehr, Spaten und Federhalter – der Verkörperung des Verteidigungswillens, der Arbeit und der Bildung, über denen drei Pfeile aufwärts zeigen und den Fortschritt symbolisieren. Am unteren Rand des Kranzes ist der Wahlspruch der Demokratischen Republik Madagaskar angebracht: „TANINDRAZANA TOLOM PIAVOTANA FAHAFAHANA" (Vaterland, Revolution, Freiheit).

Die bei Erlangung der Unabhängigkeit 1960 bestätigte Flagge, deren Entwurf aus dem Jahre 1958 stammt, wurde auch nach der Umbenennung des Staates beibehalten. Sie zeigt drei gleichgroße Rechtecke, das weiße senkrecht am Liek, die beiden anderen horizontal – Rot über Grün – angeordnet. Die weiße Farbe symbolisiert den Frieden und die Freiheit, die rote die Entschlossenheit, bis zum letzten Blutstropfen für die Unabhängigkeit zu kämpfen. Die grüne Farbe schließlich ist Ausdruck der Hoffnung des Volkes auf Erreichung seiner Ziele und auf eine bessere Zukunft.

Staatswappen

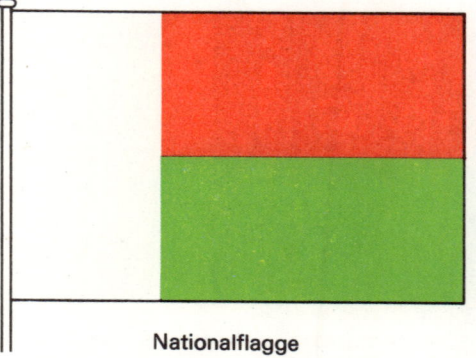

Nationalflagge

Staatswappen

✳ Wappen und Flagge der Republik Malawi stammen aus dem Jahr 1964, in dem das Land seine Unabhängigkeit erlangte. Der Schild ist dreigeteilt. Die blau-weißen Wellenlinien im Schildhaupt sind Symbol für den Njassasee, nach dem das Land in der Kolonialzeit benannt war und der heute den Namen Malawisee trägt. Im Mittelteil erinnert auf rotem Grund ein goldener Löwe daran, daß Malawi von 1891 bis zur Erlangung seiner Unabhängigkeit unter britischer Herrschaft stand. Im Schildfuß auf schwarzem Grund, stellvertretend für den afrikanischen Kontinent, leuchtet eine goldene Sonne mit sieben geflammten Strahlen als Ausdruck des Beginns eines neuen Lebens in der Unabhängigkeit. Das Oberwappen bilden ein Helm mit rot-goldenem Wulst und gleichfarbenen Helmdecken, erneut die blau-weißen Wellen des Malawisees und der anderen Gewässer des Landes und darüber vor einer aufgehenden Sonne ein zum Flug bereiter, naturfarbener Falke als Symbol des jungen, unabhängigen Staates. Als Schildhalter fungieren ein Löwe und ein Leopard – Repräsentanten des Wildreichtums des Landes. Sie stehen zusammen mit dem Schild auf einer Darstellung des Mlanje-Berges, dem mit 3003 m höchsten Gebirgsmassiv Malawis. Der Fuß des Berges ist mit einem Band belegt, das die Devise „UNITY AND FREEDOM" (Einigkeit und Freiheit) trägt.

Die Flagge besteht aus drei gleichbreiten, horizontalen Streifen. Der obere, schwarze Streifen symbolisiert die afrikanische Bevölkerung des Landes und trägt die rote, aufgehende Sonne der Hoffnung und Freiheit des afrikanischen Kontinents. Der mittlere, rote Streifen ist Ausdruck und Erinnerung des Kampfes für die Freiheit und die Unabhängigkeit. Der untere, grüne Streifen verkörpert die reiche Vegetation des Landes.

Nationalflagge

Staatswappen

✱ Das Wappen von Malaysia zeigt einen Stern mit
vierzehn Strahlen, je einer für die dreizehn Gliedstaaten, der vierzehnte für die Bundesregierung, während
der Stern und der steigende Halbmond des Oberwappens zusammen Symbole des Islams sind, der
Staatsreligion Malaysias. Fünf goldene Malaiendol-
che (Krise) im roten Schildhaupt repräsentieren die
früheren sog. Nichtföderierten Malaienstaaten Johor,
Kedah, Perlis, Kelantan und Terengganu. Die beiden
Seitenfelder des Schildes vertreten Pinang und Ma-
lacca. Die vier einfarbigen, gleichgroßen Felder im
Zentrum stehen für Pahang (Schwarz und Weiß), Se-
langor (Rot und Gelb), Perak (Schwarz, Weiß und
Gelb) und Negeri Sembilan (Rot, Schwarz und Gelb).
Diese vier Staaten sind die ursprünglichen sog. Föde-
rierten Malaienstaaten. Die Außenfelder des Schildfußes vertreten Sabah und Sarawak. Das Mittelfeld
des Schildfußes zeigt die nationale Blume Bunya
Raya, eine Hibiskusblüte. Die beiden den Schild haltenden Tiger, seit 1983 natürlicher gestaltet, wurden
aus dem Wappen der unter britischer Herrschaft
Ende des 19., Anfang des 20. Jahrhunderts geschaffe-

Nationalflagge

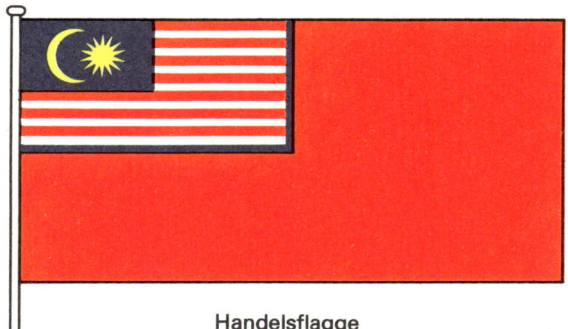

Handelsflagge

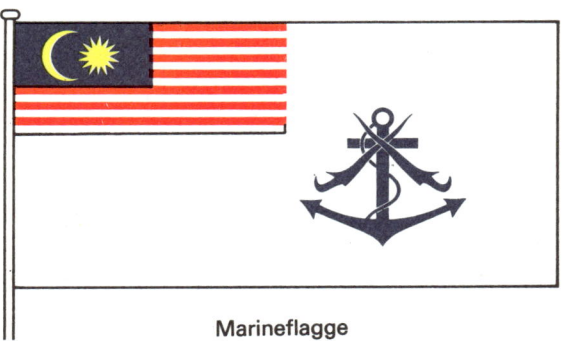

Marineflagge

nen Malaiischen Föderation übernommen. Unter dem Wappen trägt ein Band in Malaiisch den Wahlspruch „BERSEKUTU BERTAMBAH MUTU" (Einigkeit gibt Stärke). Die gelbe Farbe repräsentiert das Herrscherhaus. 1983 änderte Pinang seine Symbole in den Pinang-Baum, das die Insel umgebende Meer in Gestalt der fünf blauen Wellenlinien und die Pulau-Pinang-Brücke, mit 13,5 km Länge eine der längsten Brücken der Welt. Sabah veränderte sein Sinnbild in den Kingfisher.

Die Flagge Malaysias wurde 1950 geschaffen, mit elf horizontalen Streifen und einem elfstrahligen Stern. 1963 wurde die Zahl in vierzehn geändert, entsprechend der Zahl der damaligen Bundesstaaten. Diese Gestaltung wurde auch nach dem Austritt Singapurs aus der Föderation Malaysia im Jahre 1965 beibehalten. Das Rot und Weiß der Streifen sind traditionelle Farben der Region. Das blaue Rechteck in der Oberecke am Liek ist Symbol der Einheit des malaiischen Volkes. Mond und Stern repräsentieren — wie im Wappen — den Islam, während Gelb für das Herrscherhaus steht.

✳ Das Wappen der Republik der Malediven zeigt eine naturfarbene Kokospalme. Sie ist das Wahrzeichen dieser aus 19 Atollen mit etwa 1 200 Inseln und Eilanden (nur etwa 220 bewohnt) bestehenden Inselrepublik im Indischen Ozean. Auf dem Palmenstamm liegen die Symbole des Islams, Halbmond und Stern. Diese Darstellung wird auf beiden Seiten von einer Flagge der Malediven flankiert, die die Autorität des Staates verkörpert. Das Band am Fuß der Palme trägt die Staatsbezeichnung in Divehi, der Amtssprache der Malediven.

Die Flagge in der heute gültigen Gestaltung wurde 1965 eingeführt. Sie zeigt im Zentrum auf einem grünen Rechteck einen weißen Halbmond, beides Symbole des Islams, zu dem sich die überwiegende Mehrheit der Inselbewohner bekennt. Der breite, rote Rand der Flagge erinnert an den Einfluß, den arabische Siedler aus dem Raum des Persischen Golfes bei der Bekehrung der Bewohner zum Islam ausübten. So war die Flagge der Malediven vor 1953 wie die der Sultanate am Persischen Golf einfarbig rot.

Staatswappen

National- und Handelsflagge

Staatswappen

✱ Das Wappensymbol der Republik Mali bilden die Konturen eines für die Region typischen, zur Verteidigung geeigneten burgähnlichen Palastes in Erinnerung an die Blütezeit des malinesischen Staates in der Vergangenheit. Dieser Palast ist über einer aufgehenden Sonne dargestellt, dem Zeichen der Freiheit, der Hoffnung und des Glücks der afrikanischen Landesbewohner. Darüber schwebt eine Taube als Symbol des Friedens. Auf beiden Seiten dieses das Zentrum des Wappens bildenden roten Kreises zeugen Pfeil und Bogen vom Verteidigungswillen der Malinesen, ihrer Bereitschaft, die Unabhängigkeit des Landes zu schützen. Das Ganze wird von einem grünen Ring umschlossen, der oben mit der Staatsbezeichnung „RÉPUBLIQUE DU MALI" und unten mit dem Wahlspruch „UN PEUPLE – UN BUT – UNE FOI" (Ein Volk, ein Ziel, ein Glaube) beschriftet ist.

Die Flagge der Republik zeigt wie die französische Trikolore senkrechte Streifen, jedoch in den Farben, die in den Flaggen der meisten afrikanischen Staaten zu finden sind – Grün, Gelb und Rot. Das Grün steht für die Natur des Landes, das Gelb für seine Bodenschätze und das Rot für den Mut und die Opferbereitschaft im Unabhängigkeitskampf. Das sind die gleichen Farben, die bei der Gestaltung des Wappens Verwendung fanden.

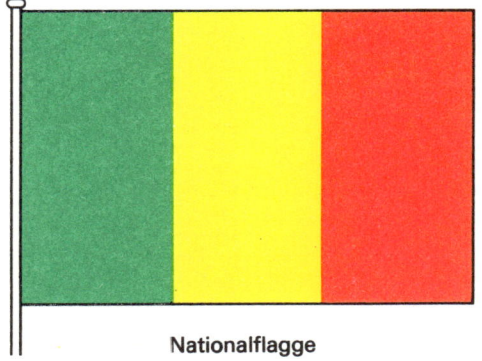

Nationalflagge

Staatswappen

✶ Das Wappen der Republik Malta besteht aus einem weiß-rot gespaltenen Wappenschild. In der oberen linken Ecke des weißen Streifens befindet sich – wie in der Nationalflagge – eine rotbordierte Darstellung des britischen Georgskreuzes. Das Oberwappen wird von einer goldenen Mauerkrone mit acht Zinnen (sichtbar sind nur fünf) und einem Ausfalltor gebildet, die Maltas Befestigungen darstellen soll und einen Stadtstaat verkörpert. Um den Schild herum liegt ein Kranz aus einem Oliven- und einem Palmenzweig, beide Symbole des Friedens. Die Zweige werden unten von einem weißen Band mit roter Rückseite zusammengehalten, das in schwarzen Lettern die Staatsbezeichnung „REPUBBLIKA TA' MALTA" trägt.

Nationalflagge

Detail der Nationalflagge

Handelsflagge

Die Farben der Flagge der Inselrepublik sollen auf den normannischen Grafen Roger I. von Sizilien zurückgehen, der im Jahre 1090 auf Malta landete und die Araber von der Insel vertrieb. Aus Dankbarkeit für die Gastfreundschaft der Malteser verlieh er ihnen das Recht, die Farben seiner Besitzung Hauteville in ihrer Flagge zu führen. Die Flagge ist seither senkrecht in zwei gleiche Teile geteilt, weiß am Liek und rot am fliegenden Ende. In der Oberecke am Liek trägt der weiße Streifen eine rotbordierte Darstellung des britischen Georgskreuzes. Dieser Orden wurde der Insel durch König Georg VI. von Großbritannien am 15. April 1942 verliehen, „um ihr tapferes Volk zu ehren". Die Abbildung des Ordens wird seit Dezember 1943 in der Flagge geführt.

Die Handelsflagge zeigt auf einem roten, weißbordierten Rechteck ein großes weißes Malteserkreuz. Es erinnert daran, daß die Insel von 1522 bis 1798 unter der Herrschaft des Johanniter- (Malteser-) Ordens stand.

✳ Das Wappen des Königreiches Marokko stammt aus dem Jahre 1957. Der Wappenschild zeigt in der Mitte einen nach oben gebogenen Balken, in dem die Bergkette des Atlasgebirges in brauner Farbe auf silbernem Grund dargestellt ist. Das Schildhaupt trägt auf blauem Grund eine von Strahlen umgebene, aufgehende goldene Sonne. Der Schildfuß ist rot und mit einem grünen Pentagramm belegt, dessen eine Spitze nach oben bis an das Schildhaupt reicht. Über dem von zwei Berberlöwen gehaltenen Schild befindet sich die Krone des Königs von Marokko. Unter dem Wappenschild trägt ein Spruchband als Devise in arabischer Schrift den leicht gekürzten siebenten Vers der 47. Sure des Korans: „… wenn ihr Allah helft, wird er euch helfen …".

Bereits seit dem 15. Jahrhundert führte Marokko als Flagge ein rotes Tuch, das Zeichen des Scherifen von Mekka. Die im 17. Jahrhundert in Nordafrika an die Macht gekommene Dynastie der Hassaniden führt ihren Ursprung auf den Kalifen Ali, einen Sohn des Propheten Mohammed, zurück.

Bei Abschluß des Protektoratsvertrages mit Frankreich im Jahre 1912 wurde die rote Flagge im Zentrum mit einem grünen Pentagramm belegt. Dadurch wurde die Unterscheidung von anderen roten, in der Region gebräuchlichen Flaggen erleichtert. Ursprünglich ist das Pentagramm ein Symbol für Leben und Gesundheit.

Staatswappen

Nationalflagge

Staatswappen

★ Wappen und Flagge der Islamischen Republik Mauretanien, die im Jahre 1958 ihre Unabhängigkeit erlangte, zeigen die gleichen Symbole, auf grünem Grund einen steigenden gelben Halbmond, darüber einen gelben, fünfstrahligen Stern.

Halbmond und Stern gelten als Symbole des Islams, zu dem sich die überwiegende Mehrheit der Landesbewohner bekennt und der in Mauretanien Staatsreligion ist.

Im Wappen sind zusätzlich eine Palme und eine Hirsepflanze dargestellt, stellvertretend für die Landwirtschaft, von der 85% der Bevölkerung ihren Lebensunterhalt beziehen. Das Wappen (Staatssiegel) hat einen silbernen Rand, der in arabischer und französischer Sprache – beide sind gleichberechtigte Amtssprachen – die Staatsbezeichnung trägt. Das Grün der Flagge bezieht sich auf den Islam, wird aber auch als Zeichen für Wohlstand und Hoffnung auf eine bessere Zukunft angesehen. Die gelbe Farbe verweist auf die Sahara, die einen beträchtlichen Teil des Territoriums des Landes einnimmt.

Nationalflagge

✴ Als Mauritius 1968 die Unabhängigkeit erlangte, behielt es das 1906 der damaligen britischen Kolonie verliehene Wappen bei. Der Wappenschild ist geteilt und gespalten. Das erste Feld zeigt auf blauem Grund eine goldene Galeere, Erinnerung an die Herkunft der Bewohner (Araber, Malaien, Inder, Afrikaner), die vor allem im 18. Jahrhundert über das Meer kamen und das Land besiedelten. Das zweite Feld zeigt auf goldenem Grund drei grüne Palmen, stellvertretend für die Fruchtbarkeit der Insel und für ihre Flora. Im dritten Feld symbolisiert ein roter Schlüssel auf goldenem Grund die strategische Lage der Insel, während im vierten auf blauem Grund ein fünfstrahliger silberner Stern über einer silbernen Spitze die Rolle andeutet, die Mauritius für die britische Kolonialmacht spielte. Das kommt auch in dem Spruch zum Ausdruck, der am Fuß des Wappens auf einem Band geschrieben steht: „STELLA CLAVISQUE MARIS INDICI" (Stern und Schlüssel des Indischen Ozeans). Als Schildhalter fungieren ein aus Java eingeführter Sambuhirsch sowie eine Dronte, auch Dodo (ruphus cucullatus/didus ineptus) genannt, eine flugunfähige Vogelart, die von den Siedlern bereits im 18. Jahrhundert ausgerottet wurde. Beide Schildhalter halten auch einen Zuckerrohrstengel, das wichtigste, auf etwa 90 % der landwirtschaftlichen Nutzfläche des Landes angebaute Produkt.

Die 1968 geschaffene Flagge zeigt vier gleichbreite, horizontale Streifen in den Farben Rot, Blau, Gelb und Grün. Diese vier Farben kommen auch im Wappen vor. Rot erinnert an den langen harten Kampf für die Unabhängigkeit, Blau symbolisiert den Indischen Ozean, und Grün steht für die reiche Vegetation, während Gelb die Freiheit und die Selbständigkeit des Landes verkörpert.

Staatswappen

Nationalflagge

Staatswappen

✶ Das Wappen der Vereinigten Mexikanischen Staaten wurde bereits 1823 geschaffen. Es geht auf eine Legende zurück, wonach Priester den noch nomadisierenden Azteken auftrugen, sich dort niederzulassen, wo sie einen Adler, das Symbol des Guten, entdecken würden, der in einem See auf einem auf Felsen wachsenden Kaktus sitzt und in seinen Fängen eine Schlange, das Symbol des Bösen, hält. Das soll am Texcocosee geschehen sein, wo die Stadt Tenochtitlán entstand, die heutige Hauptstadt des Landes, Mexiko-Stadt. Die Darstellung ist unten von einem Kranz umgeben, der auf der einen Seite aus Lorbeerblättern, dem Symbol der Unsterblichkeit, und auf der anderen Seite aus Eichenzweigen, dem Symbol der Dauerhaftigkeit und Stärke, besteht.

Nach zahlreichen kleineren Änderungen wurde 1916 die heute gültige Gestaltung des Adlers im Wappen bestätigt. Die Darstellung des Wassers und des Felsens ist aztekischen Vorbildern angeglichen.

Die Flagge geht in ihren Farben auf das Jahr 1821 zurück, als die Aufständischen um General de Itúrbide eine diagonal gestreifte Flagge in den Farben Weiß, Grün und Rot annahmen. Weiß symbolisiert die Reinheit des katholischen Glaubens, Grün die Hoffnung auf die Unabhängigkeit des Landes und Rot den Bund von Kreolen, Mestizen, Indianern und Spaniern. Seit 1822 zeigten die meisten Flaggen die Farben Grün, Weiß und Rot in senkrechten Streifen und enthielten ein Abzeichen, das dem heutigen Wappen ähnlich war. Heute befindet sich im Zentrum des weißen Streifens der Nationalflagge das Staatswappen.

National-, Handels- und Marineflagge

✷ Die Volksrepublik Moçambique gab sich 1975 ein Staatswappen, das 1982 leicht geändert wurde. Es enthält als Hauptelemente – angeordnet auf der Kontur des Landes – ein Buch, eine Maschinenpistole und eine Hacke. Sie verkörpern Bildung, Verteidigung und Wachsamkeit sowie die Bauern und die landwirtschaftliche Produktion. Davor ist Wasser dargestellt als Sinnbild des Indischen Ozeans und der anderen Gewässer, von denen der Sambesi (Erzeugung von Elektroenergie) und der Limpopo (Bewässerung) besondere Bedeutung für die wirtschaftliche Entwicklung des Landes haben. Im Zentrum des Wappens repräsentiert auf goldenem Grund eine aufgehende Sonne die Revolution und den Aufbau eines neuen Lebens. Diese Darstellung ist von einem Zahnrad umgeben, das für die Arbeiterklasse und die Industrie steht. Das Zahnrad wird von einer Zuckerrohrpflanze und einer Maispflanze mit Maiskolben flankiert, stellvertretend für die Produkte der Landwirtschaft. Zwischen den oberen Enden der Pflanzen schwebt ein roter, fünfstrahliger Stern als Ausdruck des internationalistischen Geistes der Revolution. Ein rotes Band hält beide Pflanzen zusammen und trägt als Aufschrift die Staatsbezeichnung „REPÚBLICA POPULAR DE MOÇAMBIQUE".

1982 wurde auch eine in der Gestaltung geänderte Flagge eingeführt. Sie zeigt drei horizontale Streifen Grün, Schwarz und Gelb, durch schmale weiße Streifen voneinander getrennt. Am Liek befindet sich ein rotes Dreieck; es trägt im Zentrum einen goldenen Stern, der mit einer Darstellung von Buch, Waffe und Hacke – wie im Wappen – belegt ist. Der mittlere, schwarze Streifen symbolisiert die Bevölkerung des Landes, die in Frieden – verkörpert durch die weißen Streifen – leben will. Grün steht für die Landwirtschaft, Gelb für die erst zum Teil erschlossenen reichen Bodenschätze. Das rote Dreieck ist Ausdruck des opferreichen revolutionären Befreiungskampfes.

Staatswappen

Nationalflagge

Fürstenwappen

✴ Das Fürstenwappen zeigt einen nach unten ausge-bogenen, rot-silbernen Rautenschild, umgeben von der Kette des Großkreuzes des Ordens vom heiligen Karl. Schildhalter sind zwei degenschwingende Mön-che, die an eine Episode aus der Familiengeschichte der Grimaldi erinnern. Eng verbunden damit ist der Wahlspruch „DEO JUVANTE" (Mit Gottes Beistand), der in roter Schrift auf weißem Band unterhalb des Schildes erscheint.

Die aus Genua stammende Adelsfamilie Grimaldi benutzte die Genueser Farben Rot und Silber für ihre Symbole, als sie sich im 15. Jahrhundert Monacos be-mächtigte, wo sie seit 1659 als Fürstenhaus herrscht.

Die Flagge Monacos, 1881 offiziell eingeführt, über-nahm in horizontalen Streifen die Farben des Fürsten-hauses der Grimaldi, Rot und Silber (Weiß).

National- und Handelsflagge

Fürstenflagge

Staatswappen

★ Das Wappen der Mongolischen Volksrepublik wurde in der heute gebräuchlichen Form und Gestaltung mit der Verfassung vom 6. Juli 1960 eingeführt.

Den Hintergrund des Wappens bildet die Darstellung der verschiedenen natürlichen Regionen des Landes – Wüste, Steppe, Waldgebiete, Gebirge. Davor sprengt, stellvertretend für die werktätigen Menschen des Landes, ein mongolischer Reiter der aufgehenden Sonne entgegen, die die sozialistische Entwicklung verkörpert. Umgeben ist das Wappen von Weizenähren, Sinnbild der Landwirtschaft, zwischen denen unten ein Zahnrad eingebunden ist als Ausdruck der Industrialisierung der einst durch jahrhundertelange feudale Knechtung und koloniale Ausbeutung in der sozialen und ökonomischen Entwicklung zurückgebliebenen Mongolei. Ährenkranz und Zahnrad werden von einem Band in den Landesfarben umwunden, das in kyrillischen Schriftzeichen die Abkürzung der Staatsbezeichnung Mongolische Volksrepublik trägt. Ein roter, fünfstrahliger Stern überragt das Wappen. Er trägt in goldener Farbe das alte mongolische Sojombo-Symbol.

Nationalflagge

Die Flagge wurde 1940 offiziell bestätigt. Sie besteht aus drei gleichbreiten, senkrechten Streifen; die beiden äußeren rot, der mittlere hellblau. Der rote Streifen am Liek trägt in Gold das Sojombo-Symbol und darüber einen gleichfalls goldfarbenen, fünfstrahligen Stern.

Das Sojombo-Symbol besteht aus mehreren Zeichen. Das oberste ist ein Feuer mit drei Flammenzungen, die Vergangenheit, Gegenwart und Zukunft versinnbildlichen. Darunter sind Sonne und Mond in Gestalt einer goldenen Kreisscheibe über einem steigenden Halbmond dargestellt. Beide zusammen sind nach der mongolischen Mythologie Ausdruck ewiger Jugend. Die Legende erzählt, daß Sonne und Mond Vater und Mutter des mongolischen Volkes sind, während die züngelnden Flammen über ihnen davon künden, daß das mongolische Volk so alt wie die Gestirne ist und daß es ewig leben und gedeihen möge.

Die zwei nach unten gerichteten Dreiecke deuten Pfeilspitzen an und prophezeien den Feinden des Volkes den Tod. Die beiden Balken sind alte Symbole der Gleichheit. Sie gebieten allen Bürgern des Landes, ihrem Vaterland treu und aufrichtig zu dienen. In der Mitte zwei umeinander kreisende Fische; als Sinnbilder der Wachsamkeit fordern sie – von Mann und Frau gleichermaßen –, wachsam und rechtschaffen über die Geschicke des Volkes und des Landes zu wachen. Sie bringen aber auch den Wunsch zum Ausdruck, daß ihre Nachkommen so zahlreich sein mögen wie die Fische in den Seen und Flüssen des Landes. Zwei goldene Pfähle – alte Zeichen für Festung – umschließen wie schützende Mauern die übrigen Zeichen des Sojombo. Sie rufen dazu auf, stets einträchtig zusammenzustehen.

Das ganze Sojombo-Symbol besteht aus jenen von Weisheit, Freiheitswillen, Friedenssehnsucht und Gerechtigkeit kündenden alten mongolischen Zeichen. Es wurde später durch den goldenen, fünfstrahligen Stern als Sinnbild des Sozialismus und des Internationalismus ergänzt.

Die beiden roten Streifen der Flagge stehen für die siegreiche Revolution, während der hellblaue den grenzenlosen, friedlichen Himmel über dem Land verkörpert.

Staatswappen

✱ Die Republik Nauru wurde 1968 unabhängig. Das Wappen besteht aus einem am Schildhaupt nach innen gebogenen, unten in eine Spitze auslaufenden Schild, der geteilt und dessen untere Hälfte gespalten ist. Den oberen Teil bildet die Darstellung einer gelben, einheimischen Flechtmatte; auf ihr liegt in weißer Farbe das alchimistische Zeichen des Phosphors – ein gleichseitiges Dreieck, das an der oberen Spitze in ein Kreuz übergeht. Phosphat bildet das einzige auf der Insel abbauwürdige Vorkommen, dessen Vorräte jedoch gegen Ende dieses Jahrhunderts erschöpft sein werden. Der gespaltene untere Teil des Schildes zeigt auf der einen Seite einen stilisierten Fregattvogel auf einem roten Querholz sitzend, stellvertretend für die Vogelwelt. Blaue Wellenlinien stellen darunter den die Insel umgebenden Stillen Ozean dar. Auf der anderen Seite ist auf blauem Grund ein Tomanozweig abgebildet als Sinnbild der Pflanzenwelt. Der Schild wird umrahmt von

Nationalflagge

Fregattvogel

zeremoniellen Häuptlingsabzeichen — Palmfaser-
schnüren, Fregattvogelfedern und Haifischzähnen.
Das Oberwappen bildet ein zwölfstrahliger, weißer
Stern, Symbol der Insel Nauru, in den Strahlen die ursprünglich zwölf Stämme seiner Bewohner verkörpernd; darüber auf einem weißen Band der Name der
Insel in Nauruisch: „NAOERO". Unter dem Wappen
befindet sich der Wahlspruch „GOD'S WILL FIRST"
(Gottes Wille zuerst).

Die Flagge von Nauru wurde mit der Proklamation
der Unabhängigkeit offiziell eingeführt. Sie zeigt auf
blauem Flaggentuch, das Himmel und Ozean darstellen soll, einen schmalen, gelben Streifen für den
Äquator. Unterhalb dieses Streifens, zum Liek hin
verschoben, ein weißer, zwölfstrahliger Stern; er deutet die Lage der Insel dicht unterhalb des Äquators an
und weist zugleich auf den Phosphatreichtum der Insel hin.

Staatswappen

✴ Das Wappen des Königreiches Nepal zeigt vor den Bergen des Himalaja ein Flußtal, im Hintergrund ein Tempel als Zeichen der hinduistischen Religion und ein Baum (Rhododendron); an den Ufern des Flusses das nepalesische Nationaltier, eine weiße Kuh, und der Nationalvogel, ein Fasan (Lophophorus). An den Seiten steht je ein Gurkhasoldat, der eine in moderner, der andere in traditioneller Uniform. Seitwärts der Berggipfel schweben Sonne und Mond als Symbole der Beständigkeit des Weltalls und des nepalesischen Staates. Das Oberwappen bilden zwei gekreuzte Gurkha-Dolche (Khukuri) und

Nationalflagge

Königswappen

zwei nepalesische Flaggen, dazwischen die Fußab-drücke des Gottes Wischnu, über denen die Krone des Königs von Nepal schwebt.

Den Fuß des Wappens bildet ein Band, das in Sanskrit die Inschrift trägt: Achte Mutter und Heimat wie den Himmel.

Die Flagge Nepals wird aus zwei übereinander an-geordneten roten, blau gesäumten Wimpeln gebildet, im oberen die weiße Kontur des Mondes, im unteren die der Sonne.

Wappen und Flagge erhielten 1962 ihre heute ge-bräuchliche Gestaltung.

Königsstandarte

Staatswappen

★ Der Schild des 1911 verliehenen und 1953/55 modifizierten Wappens von Neuseeland ist doppelt gespalten. Die beiden Außenfelder sind geteilt. Im ersten Feld stehen vier rote, weiß umsäumte, fünfstrahlige Sterne, das Kreuz des Südens bildend, auf blauem Grund. Sie verweisen darauf, daß Neuseeland auf der südlichen Halbkugel liegt und vom Meer umgeben ist. Im zweiten Feld erinnert ein Vlies in Gold auf rotem Grund an die Bedeutung der Viehzucht für die Wirtschaft des Landes. Die goldene Getreidegarbe auf dem roten Grund des dritten Feldes ist stellvertretend für den Ackerbau, während gekreuzte Hämmer auf blauem Grund des vierten Feldes für Bergbau und Industrie stehen. Im mittleren, durchgehend weißen Feld sind übereinander drei schwarze Segelschiffe dargestellt, Sinnbilder der Seefahrt und Hinweis darauf, daß die Siedler über das Meer nach Neuseeland kamen. Über dem Schild

National- und Staatsflagge

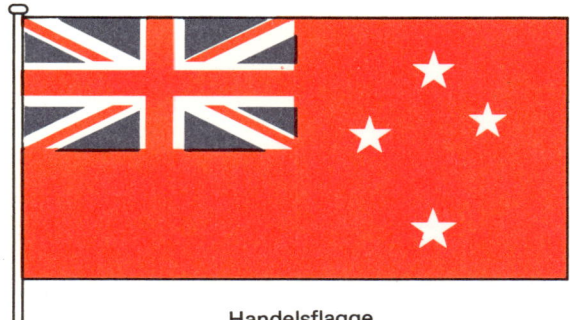

Handelsflagge

Marineflagge

schwebt die britische Königskrone. Schildhalter sind ein Eingeborenenhäuptling mit seiner traditionellen Kriegerwaffe, und eine weiße Frau, die neuseeländische Flagge haltend. Sie verkörpern die Maori und die Einwanderer, die Mitte des 14. bzw. des 19. Jahrhunderts die Inseln besiedelten. Der Wappenschild ruht auf zwei gekreuzten Zweigen des Silberbaumfarns (cyathea dealbata), belegt mit einem Band, das den Namen des Landes – „NEW ZEALAND" – trägt.

Die Flagge Neuseelands ist ein blaues Tuch mit der Abbildung der britischen union flag in der Oberecke am Liek, während auf dem fliegenden Ende vier rote, weiß umsäumte Sterne das Kreuz des Südens bilden.

Königinwappen

✳ Das bereits im vergangenen Jahrhundert geschaffene Wappen des Königreiches der Niederlande wurde 1909 erneut festgesetzt. Es zeigt auf einem blauen Schild einen goldenen, gekrönten Löwen, der ein silbernes Schwert in der Rechten, ein Bündel mit silbernen Pfeilen in der Linken trägt. Der Schild ist mit goldenen Schindeln besät. Dieses Wappen verbindet das Wappen des Hauses Nassau–Oranien mit dem der Vereinigten Niederlande. Der Löwe im Wappen der Vereinigten Niederlande hielt im 16. Jahrhundert als Zeichen seiner Fähigkeit, die Unabhängigkeit zu schützen, das Schwert in der Rechten, während das Pfeilbündel die aus der Vereinigung erwachsende Kraft demonstrierte. Das Wappen des Hauses Nassau–Oranien war mit goldenen Schindeln besät.

Schildhalter sind zwei Löwen. Unter dem Schild trägt ein blaues Band die Worte „JE MAINTIENDRAI"

National-, Handels- und Marineflagge

Flagge der Hilfsschiffe

(Ich werde standhalten). Über dem Schild befindet sich die niederländische Königskrone.

Die Flagge der Niederlande ist die erste dreifarbige Streifenflagge. Sie entstand während des Unabhängigkeitskampfes gegen die spanische Herrschaft im 16. Jahrhundert in den Farben Orange, Weiß und Blau. 1630 wurde die Farbgebung geändert in Rot, Weiß und Blau. Die Farben Weiß und Blau sind die Livreefarben des Hauses Oranien. Der aus Gründen der besseren Erkennbarkeit in Rot umgewandelte orangefarbene Streifen soll Wilhelm von Oranien ehren, unter dessen Führung sich die sieben Vereinigten Provinzen 1581 von der spanischen Herrschaft lossagten.

Königinstandarte

✳ 1962 wurde das Wappen der Republik Niger eingeführt. Im Zentrum eines grünen Schildes leuchtet
eine goldene Sonne als Symbol des Staates. In der
oberen Ecke links der Sonne befinden sich zwei goldene Schwerter, vor einer pfahlweise stehenden
Lanze gekreuzt, zum Zeichen der Bereitschaft der verschiedenen in Niger zusammenlebenden Völkerschaften, ihre Unabhängigkeit zu verteidigen. Die obere
rechte Ecke nehmen drei ähnlich angeordnete Hirse-
kolben ein, stellvertretend für den Ackerbau, während im Schildfuß ein Büffelschädel die Viehzucht repräsentiert. Der Schild liegt auf einer aus vier
gekreuzten Flaggen gebildeten Trophäe, unter der
auf einem weißen Band der Name des Landes geschrieben ist: „RÉPUBLIQUE DU NIGER".

Die Flagge hat die Republik Niger bereits bei der
Unabhängigkeitserklärung 1960 offiziell gehißt. Sie
besteht aus drei horizontalen Streifen Orange über
Weiß über Grün, mit einem orangefarbenen Kreis im
Zentrum des weißen Streifens. Der orangefarbene
Streifen vertritt den trockenen Nordosten des Landes, der von Teilen der Sahara und von Savannen gebildet wird. Der Südwesten wird vom Niger durch-
flossen, ist fruchtbar und hat grasreiche Ebenen, die
in dem grünen Streifen ihre Verkörperung finden. Der
weiße Streifen ist Ausdruck des Friedens und der
Pflichterfüllung, die das Land für seine Entwicklung
braucht, über dem die Sonne, symbolisiert durch die
orangefarbene Scheibe im Zentrum, scheint.

Staatswappen

Nationalflagge

Staatswappen

★ Das Wappen wurde der Bundesrepublik Nigeria 1960 anläßlich der Erlangung der Unabhängigkeit verliehen. Ein schwarzer Schild verkörpert den fruchtbaren Boden des Landes. Die beiden Ströme Niger und Benue, die nach ihrem Zusammenfluß einen gemeinsamen Lauf nehmen, sind als silberne Wellendeichsel darauf dargestellt. Als Schildhalter dienen zwei weiße Pferde, die die Würde repräsentieren. Schild und Schildhalter stehen auf einer Wiese, auf der die in ganz Nigeria wachsende coctus spectabilis blüht. Der Wulst in den Nationalfarben Grün und Weiß im Oberwappen trägt einen roten Adler als Symbol der Stärke. Am Fuß des Wappens ein Band mit dem Wahlspruch „UNITY AND FAITH, PEACE AND PROGRESS" (Einigkeit und Treue, Frieden und Fortschritt).

Die Flagge Nigerias besteht aus drei gleichbreiten, senkrechten Streifen. Die beiden äußeren Streifen sind grün, der mittlere ist weiß. Die grünen Streifen repräsentieren die Landwirtschaft, während der weiße als Symbol der Einigkeit und des Friedens gilt.

National- und Handelsflagge

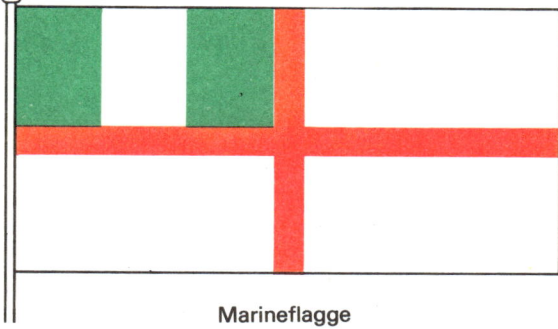

Marineflagge

★ Im Jahre 1502 erreichte Christoph Kolumbus mit seinen Schiffen nach vierzigtägiger Fahrt durch unbekannte Gewässer die Küste eines neuen Landes. Kolumbus nannte den Ort Kap „Gracias a Dios". Das Land wurde aber erst zwanzig Jahre später von den Konquistadoren Francisco Hernández de Córdoba und Gil González de Ávila erobert.

Erst 1821 konnte Nikaragua zusammen mit den anderen Teilstaaten der Generalkapitanie Guatemala, der es 1750 angegliedert worden war, das spanische Joch abwerfen. 1823 schlossen sich diese Staaten – Kostarika, Honduras, Guatemala, El Salvador und Nikaragua – zu den Vereinigten Provinzen von Mittelamerika (Mittelamerikanische Föderation) zusammen. Wappen und Flagge der Republik Nikaragua stammen aus dieser Zeit. Nikaragua gehörte von 1823 bis 1838 der Föderation an.

Ein gleichseitiges Dreieck bildet das Zentrum des Wappens. In ihm soll die Gleichheit der Menschen zum Ausdruck kommen. In diesem Dreieck sind fünf grüne Vulkane dargestellt, stellvertretend für die fünf Mitgliedstaaten der Föderation. Auf beiden Seiten der Vulkane erstreckt sich das Meer – die Karibik auf der einen Seite, der Pazifik auf der anderen. Ihre Wasser bespülen die Ufer der mittelamerikanischen Landbrücke, auf der die fünf Länder liegen. Über den Vulkangipfeln ragt eine rote Jakobinermütze empor, ein in Mittelamerika häufig gezeigtes Freiheitssym-

Staatswappen

Nationalflagge

Rückseite der Nationalflagge

bol, das sich seit der Französischen Revolution schnell verbreitete. Darüber schwebt ein siebenfarbiger Regenbogen als Symbol des Friedens.

Das Dreieck ist kreisförmig umschrieben mit den Worten „REPUBLICA DE NICARAGUA – AMERICA CENTRAL".

Die nikaraguanische Flagge besteht aus drei horizontalen Streifen von gleicher Breite. Die äußeren Streifen sind blau und stellen die Karibik und den Pazifik dar; ein weißer Streifen zwischen ihnen soll die mittelamerikanische Landbrücke verkörpern. Auf der Vorderseite der Flagge trägt der weiße Streifen das Staatswappen, das die Lage des Landes auf der Landbrücke andeuten soll.

✳ Das Wappen des Königreiches Norwegen bildet auf einem roten Schild ein goldener gekrönter Löwe mit einer silbernen Axt in den Vorderpranken. Der Löwe gilt als Symbol der Macht und der Unabhängigkeit und wird von den norwegischen Königen seit dem 13. Jahrhundert im Wappen geführt. Die Axt (seit etwa 1280 im Wappen) wird als Wahrzeichen des Schutzpatrons Norwegens, des später heiliggesprochenen Königs Olaf II. Haroldsson (1030 Tod in der Schlacht), betrachtet. Über dem Schild ist die norwegische Königskrone dargestellt.

Als Königswappen wird der Schild von der Kette des Olafsordens mit dem Abzeichen des Großkreuzes umgeben.

Die norwegische Flagge – 1821 als Handelsflagge geschaffen – entspricht dem Danebrog, wobei das weiße Kreuz mit einem blauen Kreuz in voller Länge belegt ist. Das ist in der Geschichte des Landes begründet, das vom Ende des 14. Jahrhunderts bis 1814 mit Dänemark vereinigt war. Die Farben Rot, Weiß und Blau – auch von anderen Staaten benutzt (Frankreich, Großbritannien, USA) – werden als Symbole der Freiheit angesehen. Das Kreuz bekräftigt die Zugehörigkeit Norwegens zur Gruppe der skandinavischen Länder. 1905 wurde die Flagge offiziell eingeführt.

Staatswappen

National- und Handelsflagge

Königswappen

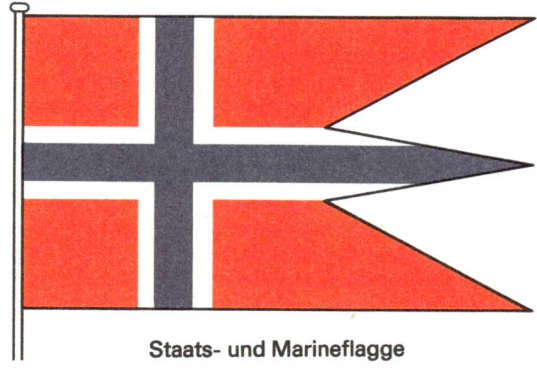

Staats- und Marineflagge

Königsflagge

Oman

Staatswappen

✴ Das heute gültige offizielle Emblem des Sultanats Oman wurde 1971 eingeführt. Es besteht aus den Abbildungen herkömmlicher Waffen der Omaner, Krummdolch und Krummsäbel. Ein reich ziselierter Dolch, wie er in dieser Region von den erwachsenen Männern zur traditionellen Kleidung getragen wird, ist pfahlweise vor zwei diagonal gekreuzten, gleichfalls reich verzierten Krummsäbeln dargestellt.

Das Wappen des Sultans hat die gleiche Gestaltung, trägt jedoch zusätzlich eine über dem Wappen schwebende Krone.

Auch die Flagge dieses Sultanats an der südöstlichsten Spitze der Arabischen Halbinsel wurde 1971 eingeführt. Vorher besaß das Land, das damals Maskat und Oman genannt wurde, eine einfarbige rote Flagge ohne jedes Abzeichen.

Die Flagge zeigt heute drei horizontale Streifen, von denen der mittlere Streifen von roter Farbe nur halb so breit ist wie jeder der äußeren Streifen. Von diesen ist der obere weiß und der untere grün. Am

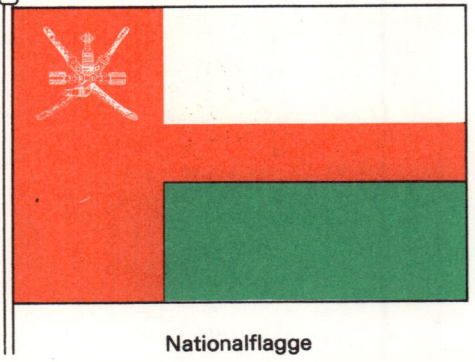

Nationalflagge

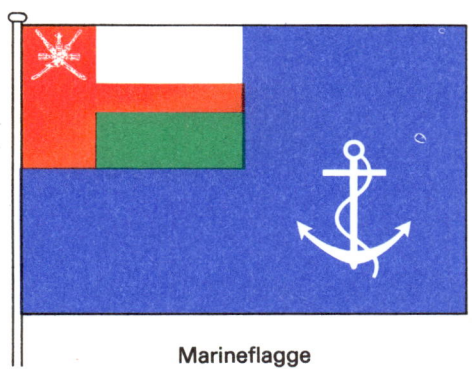

Marineflagge

Mast befindet sich ein roter Vertikalstreifen, seine Breite entspricht der Hälfte der Flaggenbreite. In der oberen Hälfte dieses Streifens befindet sich in weißer Farbe die Darstellung des Wappens.

Der breite rote Streifen erinnert an die frühere rote Flagge, wie sie von den Sultanaten am Persischen Golf und auch von Oman lange Jahre hindurch geführt wurde.

Der breite weiße Horizontalstreifen ist Symbol des Friedens und zugleich der religiösen Autorität des Imams.

Der breite grüne Streifen an der unteren Kante der Flagge steht für den Jabal al-Achdar, den Grünen Berg. Grün bezeichnet man aber auch als die Farbe der Mekkapilger. Es ist somit ein weiterer Hinweis auf die Religion des Islams, zu der sich die Bewohner des Landes bekennen. Der schmale horizontale Mittelstreifen von roter Farbe repräsentiert die Hauptstadt des Landes, Maskat.

✳ Das Staatswappen der Republik Österreich wurde durch Gesetz vom 8. Mai 1919 geschaffen und durch Gesetz vom 1. Mai 1945 leicht modifiziert wieder eingeführt. Es besteht aus einem freischwebenden, einköpfigen, schwarzen, golden gewaffneten und rotbezungten Adler, dessen Brust mit einem roten, von einem silbernen Querbalken durchzogenen Schildchen – einem sog. Bindenschild – belegt ist. Auf dem Haupt trägt er eine goldene Mauerkrone mit drei sichtbaren Zinnen, in seinem rechten Fang eine goldene Sichel mit einwärts gekehrter Schneide, in seinem linken Fang einen goldenen Hammer. So versinnbildlicht er die Zusammenarbeit der Arbeiter (Hammer), Bauern (Sichel) und des Bürgertums (Mauerkrone). Zur Erinnerung an die wiedererrungene Unabhängigkeit Österreichs und den Wiederaufbau seines Staatswesens wurde das Wappen 1945 ergänzt durch eine die Fänge des Adlers umschließende, gesprengte Eisenkette, deren beide Enden herabhängen.

Die österreichische Flagge geht auf Vorbilder aus dem 13. Jahrhundert zurück und wurde 1918 erstmals

Staatswappen

National- und Handelsflagge

Staatsflagge

in der heutigen Gestaltung offiziell eingeführt. Die Entstehung der drei horizontalen Streifen wird von der Legende Herzog Leopold VI. zugeschrieben. Er habe nach blutigem Kampf während eines Kreuzzuges seinen Schwertgurt gelöst und dabei festgestellt, daß nur der vom Gurt bedeckte Teil seiner weißen Kleidung nicht von Blut befleckt war. Später habe er daraus seine Wappenfarben entwickelt. So zeigt die österreichische Nationalflagge heute drei gleichbreite, horizontale Streifen in den Farben Rot über Weiß über Rot.

Die von staatlichen Behörden, Einrichtungen und Anstalten benutzte Dienstflagge zeigt im mittleren, weißen Streifen das Wappen der Republik.

Staatswappen

✱ Das Wappen der Islamischen Republik Pakistan zeigt in den Farben Grün und Weiß einen geteilten und gespaltenen Schild. Das erste Feld trägt auf grünem Grund eine weiße Raute, in der Baumwollpflanzen dargestellt sind. Ein grüner Teezweig auf weißem Grund ist im zweiten Feld abgebildet. In dem weißen dritten Feld ist eine grüne Weizengarbe zu sehen, während das vierte Feld weiß-grün geteilt ist und vier Jutepflanzen zeigt. Diese Darstellungen stehen für wichtige landwirtschaftliche Erzeugnisse Pakistans. Der Schild ist von einem Kranz aus Narzissen – der pakistanischen Nationalblume – umschlossen, der

Nationalflagge

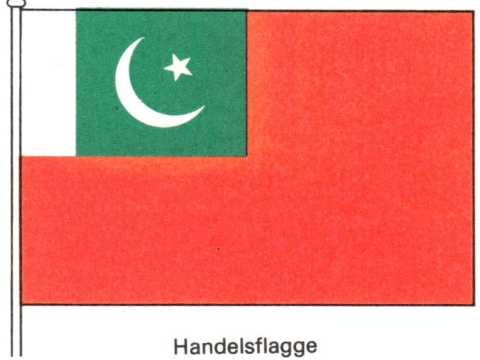

Handelsflagge

die nationalen Traditionen zum Ausdruck bringen soll. Zwischen den Enden des nicht ganz geschlossenen Kranzes befinden sich oberhalb des Schildes die islamischen Symbole Halbmond und Stern. Unterhalb des Kranzes trägt ein grünes Band in Urdu die Inschrift „Glaube, Einheit, Ordnung".

Am Liek der pakistanischen Flagge nimmt ein weißer, senkrechter Streifen ein Viertel der Flaggenlänge ein. Er steht für die nichtmuslimischen Teile der Bevölkerung. Im grünen Flaggenteil, der das Aufblühen des Landes zum Ausdruck bringen soll, symbolisieren ein weißer Halbmond und ein weißer Stern den Islam, zu dem sich 97% der Bevölkerung des Landes bekennen.

★ Bereits 1904 wurde das Wappen der Republik Panama eingeführt. Es besteht aus einem Schild, der zweifach geteilt ist. In der Mittelreihe ist die Landenge von Panama mit dem Panamakanal dargestellt. Eine untergehende Sonne und ein aufgehender Mond verdeutlichen den Verlauf des Kanals als Ost-West-Verbindung zwischen Pazifik und Karibik. Das Schildhaupt ist gespalten und trägt in einem weißen Feld Säbel und Gewehr als Symbole der Wachsamkeit, während auf dem anderen, roten Feld Hacke und Spaten die friedliche Arbeit repräsentieren. Auch der Schildfuß ist gespalten. Auf blauem Grund zeigt ein Füllhorn Wohlstand an, während auf weißem Grund ein goldenes Flügelrad den Fortschritt symbolisiert. Der Schild ist beiderseits mit je zwei Landesflaggen dekoriert. Auf dem Schild sitzt ein Adler, bereit zum Flug, Symbol der Stärke; ein Band mit dem Motto „PRO MUNDI BENEFICIO" (Für das Wohlergehen der Welt) im Schnabel verweist auf den Nutzen des Kanals. Über dem Wappen sind stellvertretend für die neun Provinzen des Landes neun goldene, fünfstrahlige Sterne in einem Bogen angeordnet.

Die Flagge der Republik Panama wurde im Jahre 1903 geschaffen. Das rote Rechteck erinnert an die Unabhängigkeitskämpfe und die damals entstandene Liberale Partei, das blaue Rechteck verkörpert die Meere zu beiden Seiten des Landes und steht für die damalige Konservative Partei. Die beiden weißen Felder symbolisieren Frieden und Lebenskraft sowie den Zusammenschluß des Volkes. Der blaue Stern ist Ausdruck der Reinheit der Gesinnung, der rote soll Autorität und Gesetz verkörpern.

Staatswappen

National- und Handelsflagge

PAPUA NEW GUINEA

Staatswappen

✳ Das Wappen Papua-Neuguineas besteht aus einem stilisierten Paradiesvogel (gerrus paradisaea), der in Prunkhaltung auf dem Griff einer Trommel der Eingeborenen sitzt. Die Kundutrommel ist vor einem liegenden Zeremonienspeer waagerecht angeordnet. Unter dem Wappen befindet sich in einem leichten Bogen der Landesname „PAPUA NEW GUINEA".

Die Flagge ist von der oberen Ecke am Liek diagonal geteilt. Die so entstandenen Dreiecke sind schwarz (am Liek) und rot (am fliegenden Ende), Farben, die in der Kunst der eingeborenen Bevölkerung vorzugsweise angewandt werden. Im schwarzen Dreieck das Kreuz des Südens, bestehend aus vier großen Sternen und einem kleinen weißen, fünfstrahligen Stern, als Symbol für die Lage des Landes auf der südlichen Hälfte des Erdballs. Das rote Dreieck trägt in Gelb einen fliegenden Paradiesvogel — als dominierendes nationales Symbol aus dem Staatswappen bekannt.

Nationalflagge

Paraguay

Staatswappen

✷ 1842 wurde das Wappen der Republik Paraguay geschaffen. Es besteht aus dem goldene Strahlen aussendenden „Maienstern". Dieses Symbol der Freiheit soll an den Mai 1811 erinnern, in dem die Unabhängigkeit des Landes ausgerufen wurde. Der Stern ist von einem Kranz aus Oliven- und Palmenzweigen umgeben, Symbolen des Friedens und der Ehre. Ein Band in den Nationalfarben hält die Zweige zusammen. Der Kranz ist kreisförmig mit der Staatsbezeichnung „REPUBLICA DEL PARAGUAY" umschrieben. Abgeschlossen wird das Wappen von einem Ring in den Nationalfarben Rot, Weiß und Blau.

Nationalflagge

Emblem auf der Rückseite
der Nationalflagge

Die Flagge Paraguays besteht aus drei horizontalen Streifen Rot über Weiß über Blau. Der rote Streifen symbolisiert Patriotismus, Mut, Tapferkeit, Gleichheit und Gerechtigkeit. Der weiße Streifen ist Ausdruck der Reinheit der Ideale, der Standhaftigkeit, der Einigkeit und des Friedens. Der blaue Streifen schließlich verkörpert Sanftmut, Liebe, Scharfblick, Realitätssinn und Freiheit. Im Zentrum des weißen Streifens trägt die Flagge auf der Vorderseite das Wappen, auf der Rückseite das Emblem der Finanzverwaltung, einen die Freiheitsmütze bewachenden, sitzenden Löwen. Das Emblem trägt die Aufschrift „PAZ Y JUSTICIA" (Frieden und Gerechtigkeit). Umschrift und dreifarbiger Ring, die das Emblem abschließen, entsprechen der Anordnung im Wappen.

Präsidentenflagge

★ Das Wappen der Republik Peru besteht aus einem gelb gesäumten, durch gelbe Linien geteilten und in der Oberhälfte gespaltenen Schild. Das erste Feld zeigt auf blauem Grund ein Vikunja (eine höckerlose Kamelart), Symbol der Tierwelt des Landes. Der Chinarindenbaum im weißen, zweiten Feld steht für die Flora Perus. Die reichen Bodenschätze sind in dem Füllhorn verkörpert, das die ganze untere Hälfte des Wappens einnimmt und von Goldmünzen überquillt. Der Wappenschild liegt auf je einer Nationalflagge

Staatswappen

Nationalflagge

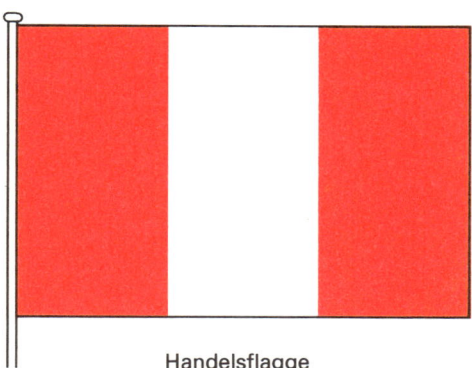

Handelsflagge

Marineflagge

und einer Handelsflagge zu beiden Seiten und wird überragt von einem Kranz aus Steineichenblättern.

Die Flagge Perus besteht aus drei gleichbreiten, vertikalen Streifen, die beiden äußeren rot, der mittlere weiß. Im Zentrum des weißen Streifens befindet sich das Wappen, umrahmt von einem Kranz aus Palmen- und Lorbeerzweigen.

Während in der Marineflagge das Wappen ohne den Kranz dargestellt ist, fehlt es in der Handelsflagge völlig.

Präsidentenflagge

Staatswappen

✶ Das Wappen der Republik der Philippinen wurde 1946 geschaffen, als das Land seine Unabhängigkeit erhielt. Der goldumsäumte Wappenschild ist geteilt, der untere Teil gespalten. Im silbernen Schildhaupt stehen drei fünfstrahlige, goldene Sterne für die Inseln Luzon, Mindanao und die Visayaninseln. An der Herzstelle ist als Symbol der Unabhängigkeit der Philippinen ein ovaler, silberner Schild aufgelegt, der die achtstrahlige, goldene Freiheitssonne trägt. Diese

National-, Handels- und Marineflagge

Sonne verkörpert die acht Provinzen, die Ende des 19. Jahrhunderts den Freiheitskamf gegen die spanische Herrschaft begannen. Der untere, gespaltene Schildteil zeigt auf der einen Seite auf blauem Grund einen braunen Weißkopfseeadler, der drei Pfeile bzw. einen Olivenzweig mit acht Blättern und acht roten Früchten in den Fängen hält und an die USA-Herrschaft von 1898 bis 1946 erinnert. Auf der anderen Seite ist auf rotem Grund der goldene spanische Löwe zur Erinnerung an die spanische Herrschaft über die philippinischen Inseln von 1565 bis 1898 abgebildet.

Die philippinische Flagge wurde erst 1946 offiziell als Nationalflagge gehißt, obwohl sie bereits 1898 geschaffen wurde und seit 1920 neben der USA-Flagge gehißt werden durfte. Sie zeigt einen blauen und einen roten horizontalen Streifen und am Liek ein gleichseitiges weißes Dreieck. Blau steht für die Ziele und Ideale des Volkes der Philippinen. Rot ist das Zeichen der Tapferkeit, des Mutes und des Heldentums, während Weiß den Frieden und die Stille symbolisiert. Das weiße Dreieck trägt in jeder Ecke einen goldenen, fünfstrahligen Stern und im Zentrum die achtstrahlige, goldene Freiheitssonne.

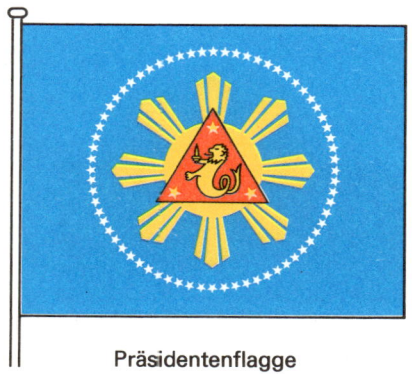

Präsidentenflagge

Polen

✳ 1955 wurde das Wappen Polens in der hier abgebildeten Form festgelegt. Es zeigt auf einem roten Schild einen weißen Adler, den Kopf zur Seite gewandt, die Flügel gespreizt, mit goldenem Schnabel und goldenen Krallen. Der Adler wird bis ins 13. Jahrhundert zurückgeführt, als er persönliches Wappentier zahlreicher Piasten — der ältesten polnischen Dynastie —, später das Wappen des Königreiches Polen war.

Mit der Umbenennung der bisherigen Volksrepublik in Republik Polen (29. 12. 1989) wurde als Staatswappen ein „weißer Adler mit Krone auf rotem Grund" festgelegt. Die genaue Form des Staatswappens lag bei Druckbeginn noch nicht vor.

Die polnische Flagge besteht aus zwei horizontalen Streifen von gleicher Breite in den Farben Weiß über Rot. Diese Farben gehen zurück auf einen Beschluß des Sejm im Jahre 1831, der sich auf frühere Uniformfarben stützte. Die weiß-rote Flagge wurde offiziell erst 1919 eingeführt.

Staatsflagge und Marineflagge tragen in der Mitte des weißen Streifens das Wappen mit dem weißen Adler.

Staatswappen

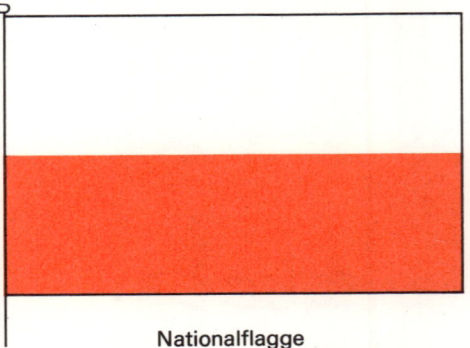

Nationalflagge

Staats- und Handelsflagge

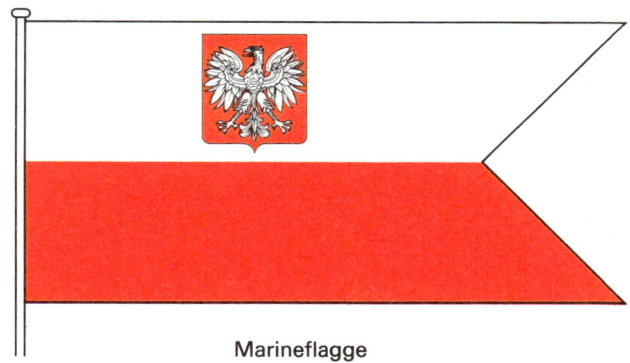

Marineflagge

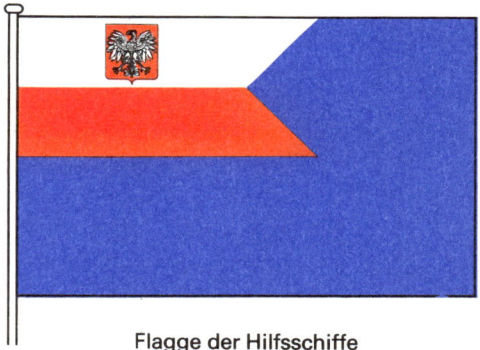

Flagge der Hilfsschiffe

Staatswappen

✳ Das Wappen der Portugiesischen Republik besteht aus einem weißen Schild, belegt mit fünf blauen, kleinen Schilden, kreuzweise angeordnet, die ihrerseits mit je fünf weißen Kreisen in Form eines Diagonalkreuzes besetzt sind. Diese weißen Kreise, vielfach auch als Schildbeschläge betrachtet, sollen der Überlieferung nach Symbole der fünf Wundmale Christi sein, in dessen Namen Alfons Heinrich (seit 1139 als Alfons I. König von Portugal) gegen die Mauren zu Felde zog. Nach der Legende stehen sie aber auch für den Sieg über die Mauren 1139 in der Schlacht bei Ourique, in der Alfons Heinrich fünf maurische Prinzen besiegt haben soll.

National-, Handels- und Marineflagge

Die fünf blauen, kleinen Schilde waren schon im frühesten bekannten portugiesischen Wappen enthalten.

Der weiße Schild liegt auf einem größeren roten Schild. Auf dem so entstehenden breiten roten Rand sind sieben goldene Kastelle abgebildet zur Erinnerung daran, daß Portugal einst eine Grafschaft des Königreiches Kastilien war und 1095 an Heinrich von Burgund als Lehen vergeben wurde. Diese Darstellung ist mit einer goldenen Armillarsphäre (Ringkugel) unterlegt, einem astronomischen oder auch nautischen Instrument aus der Frühzeit der Seefahrt, das an Heinrich den Seefahrer (1394–1460) und die großen Entdeckungen portugiesischer Seefahrer erinnern soll.

Die Flagge wurde 1910 eingeführt, als in Portugal die Republik ausgerufen wurde. Sie zeigt zwei ungleich breite, senkrechte Streifen. Am Liek befindet sich ein grüner Streifen, der zwei Fünftel der Flaggenlänge einnimmt. Er gilt als Sinnbild der Hoffnung und des Gedenkens an Heinrich den Seefahrer, mit dessen Namen die großen portugiesischen Entdeckungsfahrten verbunden sind. Die übrige Flagge ist rot als Symbol der Revolution, in deren Gefolge die Republik entstand. Auf der Trennungslinie beider Streifen liegt das Wappen.

Präsidentenflagge

✱ Mit dem Sturz des Ceauşescu-Regimes im Dezember 1989 wurden die Symbole der bisherigen Sozialistischen Republik abgeschafft; die Bezeichnung des Staates ist seitdem Rumänien. Verwendet wird die blau-gelb-rote Flagge (ohne Emblem). Endgültige Regelungen, auch in bezug auf ein eventuelles neues Staatswappen, waren bei Druckbeginn nicht bekannt.

National-, Handels- und Marineflagge

Staatswappen

✴ Die Republik Rwanda wurde 1962 unabhängig. Ihr Wappen zeigt auf einem Schild Hacke und Sichel, traditionelle Geräte der landwirtschaftlichen Produktion (in der Landwirtschaft erarbeiten rund 95 % der erwerbstätigen Bevölkerung ihren Lebensunterhalt). Darüber liegen Pfeil und Bogen; sie drücken den Willen des Volkes aus, die errungene Freiheit zu schützen. Zum Zeichen der friedlichen Absicht ist die Spitze des Pfeils nach unten gerichtet. Diese Darstellungen werden von einem Dreieck umschlossen, das den Zusammenhalt der drei Völkerschaften dieses Landes, der Hutu, der Tutsi und der Hwa, bekräftigt. Über dem Dreieck steht die Staatsbezeichnung „RÉPUBLIQUE RWANDAISE". Die beiden anderen Seiten des Dreiecks werden vom Wahlspruch Rwandas eingerahmt: „LIBERTÉ – COOPÉRATION – PROGRÈS" (Freiheit, Zusammenarbeit, Fortschritt). Eine weiße Taube auf dem oberen Rand des Schildes gilt als Zeichen des Friedens. Unterhalb des Schildes trägt ein Band einen grünen Palmenzweig, der gleichfalls ein Symbol des Friedens ist. Der Schild liegt auf zwei Nationalflaggen, ihre Stangen sind gekreuzt.

Mit Erlangung der Unabhängigkeit wurde auch die Nationalflagge eingeführt. Sie zeigt senkrechte Streifen in den afrikanischen Farben Rot, Gelb und Grün. Während der rote Streifen das für die Freiheit des Landes geopferte Blut verkörpert, ist Gelb Sinnbild des Friedens und der Freiheit. Grün bringt die Hoffnungen der Menschen des Landes auf eine bessere Zukunft zum Ausdruck, die ihre Grundlage in der Fruchtbarkeit des Bodens und der Produktivität der Landwirtschaft hat. Im Zentrum des gelben Streifens verhindert ein großes schwarzes „R" eine Verwechslung mit den Flaggen anderer Staaten, z. B. Guineas, und erinnert mit der schwarzen Farbe daran, daß das Land von Afrikanern bewohnt wird.

Nationalflagge

★ Als die 1493 von Christoph Kolumbus entdeckten Inseln Saint Christopher (Saint Kitts) und Nevis, die zur Gruppe der Leewardinseln in den Kleinen Antillen gehören, 1983 ihre Unabhängigkeit erlangten, gaben sie sich eine Flagge, in der Grün (oben) und Rot (unten) durch einen breiten, schwarzen, gelbbordierten Schrägbalken von der Oberecke am fliegenden Ende zur Unterecke am Liek getrennt werden. Der schwarze Streifen ist mit zwei weißen, fünfstrahligen Sternen besetzt, welche die beiden Hauptinseln verkörpern. Grün steht für die üppige Vegetation dieser tropischen Inseln, Rot für die errungene Unabhängigkeit, während Schwarz die Herkunft des größten Teils der Bevölkerung, die Geschichte und das kulturelle Erbe versinnbildlichen soll. Weiß gilt als Ausdruck der Hoffnung, des Friedens und der Freiheit. Gelb erinnert an den Sonnenschein, der die Inseln überstrahlt.

Das Wappen von Saint Kitts und Nevis hat einen geteilten Schild. Das Schildhaupt ist blau und zeigt den Kopf eines Kariben, flankiert von einer goldenen Lilie und einer silbernen Rose. Der untere Teil des Schildes wird durch einen roten Sparren erneut geteilt und zeigt auf weißem Grund zwei Poinciana-Blüten beiderseits der Sparrenspitze, während im unteren Teil ein Schoner unter vollen Segeln abgebildet ist. Im Oberwappen ragt über einem goldenen Spangenhelm mit schwarzgoldenen Helmdecken aus einem gleichfarbenen Wulst der Zinnenkranz eines Turmes, aus dem hervor die Arme eines Europäers, eines Afroamerikaners und eines Mulatten eine brennende grüne Fackel emporstrecken. Als Schildhalter dienen zwei Pelikane; der eine hält eine Kokospalme, der andere einen Zuckerrohrstengel.

Staatswappen

Nationalflagge

Staatswappen

✳ Das seit 1937 bestehende Wappen von Saint Lucia zeigt einen blauen, durch ein goldenes Zuckerrohr-kreuz gevierten Schild. Im ersten und vierten Feld er-innern je eine goldene Tudorrose, im zweiten und dritten Feld je eine goldene Lilie daran, daß Großbri-tannien und Frankreich fast 200 Jahre lang um den Besitz der Insel stritten, bevor diese schließlich 1814 britische Kolonie wurde. Als Schildhalter dienen zwei in dieser Region heimische Vögel. Im Oberwappen hält über einem sonnenbeschienenen silbernen Stechhelm mit hellblau-goldenen Helmdecken und gleichfarbenem Wulst die Hand eines Afroamerika-ners eine brennende Fackel in die Höhe, während den unteren Abschluß des Wappens ein goldenes Band bildet, das seit der Unabhängigkeit im Jahre 1979 die Inschrift trägt „THE LAND THE PEOPLE THE LIGHT" (Das Land, das Volk, das Licht).

Die Flagge von Saint Lucia symbolisiert die Insel, die zu den Windwardinseln in den Kleinen Antillen ge-hört. Aus dem blauen Meer, dargestellt durch das blaue Flaggentuch, erhebt sich die bergige Insel vul-kanischen Ursprungs mit ihren hellen Stränden, ver-körpert in dem gleichschenkligen Dreieck, dessen schwarzer Kern rechts und links eine schmale weiße Borte besitzt und mit dem flacheren, gelben Dreieck eine gemeinsame Basis hat.

Nationalflagge

✳ Das Wappen von Saint Vincent zeigt auf einem Weiß über Grün geteilten Wappenschild einen antiken Altar, an dessen Vorderseite zwei ineinandergreifende Hände abgebildet sind. Der Altar, auf dem ein Opferfeuer brennt, steht zwischen zwei blau gekleideten Frauengestalten. Eine von ihnen steht aufrecht und hält mit der Rechten einen Olivenzweig über den Altar. Damit soll der Wunsch nach Frieden zum Ausdruck gebracht werden. Die andere Frau bringt kniend Opfergaben dar. Über dem Schild als Oberwappen ein Wulst in den Farben der Nationalflagge, aus dem ein Baumwollzweig hervorwächst; unter dem Schild ein Band mit dem Wahlspruch „PAX ET JUSTITIA" (Frieden und Gerechtigkeit).

Die Flagge von Saint Vincent, das 1979 die Unabhängigkeit erhielt, zeigt drei vertikale Streifen in den Farben Blau, Gelb und Grün. Blau stellt die Gewässer des Atlantiks und der Karibik dar, Grün verkörpert die reiche Vegetation der Insel, während der gelbe Streifen das sonnige, tropisch-milde Klima der Region zum Ausdruck bringt. In dem gelben Streifen sind drei stehende, grüne Rhomben abgebildet. Der Inselstaat umfaßt neben Saint Vincent, einer der Windwardinseln, die Inselgruppe der Grenadinen (Kleine Antillen).

Die Flagge mit den drei Rhomben wurde 1985 eingeführt und löste eine ähnliche ab, die das komplizierte Wappen im Zentrum trug.

Staatswappen

Nationalflagge

Staatswappen

Die Salomoninseln erhielten 1978 als konstitutionelle Monarchie die Unabhängigkeit. Aus diesem Jahr stammt auch das Wappen. Es besteht aus einem Wappenschild, in dessen blauem Schildhaupt ein brauner Falke das Zentrum einnimmt, während rechts und links von ihm je ein weißer Fregattvogel im Flug dargestellt ist. Der untere Teil des Wappens ist gelb und wird von einem grünen Diagonalkreuz geteilt. Die beiden Streifen des Diagonalkreuzes sind mit je einer weißen melanesischen Harpune belegt, auf dem Mittelpunkt liegt ein hellbrauner Köcher, aus dem Pfeile und Bogen hervorragen. Die beiden seitwärts liegenden gelben Felder tragen die hellbraune Darstellung je einer Schildkröte. Als Schildhalter dienen ein Krokodil und ein Haifisch; sie vertreten die Tierwelt der Inseln und des Meeres. Das Oberwappen bilden ein Helm, blau-weiße Helmdecken sowie ein gleichfarbener Wulst. Darüber befindet sich der aus weißen Muscheln gefügte Kopfschmuck eines Häuptlings und ein goldener, achtstrahliger Stern in Form einer Windrose.

Das Band am Fuß des Wappens trägt den Wahlspruch „TO LEAD IS TO SERVE" (Führen heißt dienen).

Die mit Erlangung der Unabhängigkeit eingeführte Flagge zeigt am Liek ein blaues Dreieck und am fliegenden Ende ein grünes Dreieck, die durch einen gelben Schrägbalken von der Oberecke am fliegenden Ende zur Unterecke am Liek voneinander getrennt werden. In dem blauen Dreieck sind fünf weiße Sterne abgebildet, die die Salomoninseln im Meer darstellen. Das grüne Dreieck verkörpert die Landwirtschaft der fruchtbaren Inseln.

Nationalflagge

Staatswappen

★ Im Jahre 1965 legte die Republik Sambia, die frühere britische Kolonie Nordrhodesien, durch Gesetz ihr Wappen fest. Es zeigt auf einem schwarzen Schild sechs weiße, senkrecht verlaufende Wellenlinien. Sie stellen die Victoriafälle des Sambesi bei der Stadt Livingstone dar, von dessen Namen die Landesbezeichnung abgeleitet wurde. Farbgebung und Gestaltung des Wappenschildes erinnern auch an ein in Sambia häufig vorkommendes Tier, das Zebra.

Über dem Schild sind Hacke und Picke über Kreuz angeordnet. Sie symbolisieren die Anstrengungen der Menschen in der Landwirtschaft und im Bergbau. Der über allem schwebende Adler verkörpert die Freiheit des Landes und die Fähigkeit des Volkes, sich über seine Probleme zu erheben und sie zu lösen. Schildhalter sind ein Mann und eine Frau; sie stehen stellvertretend für die afrikanische Familie. Der Mann

Nationalflagge

ist mit Buschhemd und Shorts, der Kleidung eines Arbeiters, bekleidet, während die Frau traditionelle Kleidung trägt. Der Wappenschild ruht auf einem grünen Fundament. Auf diesem symbolisieren ein Maiskolben, der Förderturm eines Bergwerkes und ein Zebra die Naturreichtümer Sambias, seine fruchtbaren Böden und die Landwirtschaft, die Bodenschätze und den reichen Wildbestand.

Das Spruchband am Fuß des Wappens trägt den nationalen Wahlspruch „ONE ZAMBIA – ONE NATION" (Ein Sambia – eine Nation). Dieser Wahlspruch ist von besonderer Bedeutung, da in Sambia über siebzig verschiedene ethnische Gruppen leben.

Die bereits 1964 eingeführte Flagge des Landes zeigt den aus dem Wappen bekannten orangefarbenen Adler im Flug über drei senkrechten Streifen Rot, Schwarz und Orange in der unteren Ecke am fliegenden Ende. Rot symbolisiert den Kampf für die Freiheit, Schwarz verkörpert das Volk von Sambia, und Orange steht für die Bodenschätze des Landes, das der drittgrößte Kupferproduzent der Welt ist.

Das in der nationalen Farbe Grün gehaltene Flaggentuch soll die natürlichen Reichtümer Sambias, seine Felder und Wälder darstellen. Der schwebende Adler ist das Symbol der 1964 errungenen Unabhängigkeit und Freiheit.

Staatswappen

✳ Das Wappen der Republik San Marino besteht aus einem ovalen, hellblauen Schild, auf dem drei grüne Berge dargestellt sind, die drei Gipfel des Monte Titano, um den sich diese älteste Republik der Welt erstreckt (nach der Überlieferung im Jahre 301 Gründung der Stadt). Auf jedem der drei Gipfel steht ein weißer Wehrturm, stellvertretend für die Wehrtürme der Hauptstadt des Landes, La Guaita, La Cesta und La Montale. Jeder Turm ist mit einer weißen Straußenfeder besteckt. Über dem Schild ist eine goldene, rot gefütterte Krone als Symbol der Souveränität des Staates angebracht. Der Schild ist umkränzt von einem Eichenbruch und einem Lorbeerzweig als Ausdruck der Beständigkeit der Republik und der erfolgreichen Verteidigung ihrer Unabhängigkeit. Ein Band mit der Aufschrift „LIBERTAS" (Freiheit) hält den Kranz zusammen.

Die Flagge der Republik San Marino ist seit dem 18. Jahrhundert bekannt und besteht aus zwei horizontalen, gleichbreiten Streifen, von denen der obere weiß, der untere hellblau ist. Weiß ist das Zeichen des Friedens, die Verkörperung der Wolken über dem Land und des Schnees auf seinen Berggipfeln. Blau ist das Symbol der Freiheit und des Himmels über der 61 km² großen Republik im Apennin, die nur 22 km von der Adriaküste entfernt ist.

Staatsflagge

Nationalflagge

Staatswappen

✳ Die Demokratische Republik von São Tomé und Príncipe zeigt auf ihrem gelben Wappenschild eine naturfarbene Kokospalme mit Früchten. Diese Darstellung bringt zum Ausdruck, daß nach der rund 500 Jahre dauernden Kolonialherrschaft landwirtschaftliche Erzeugnisse (Kakao, Kopra, Kaffee) die Grundlage der nationalen Wirtschaft bilden. Der Schild wird von zwei einheimischen, die Flügel spreizenden Vögeln gehalten. Auf dem Schild ruht ein großer, blauer, fünfstrahliger Stern. Die Bänder über und unter der Wappendarstellung tragen als Inschriften die Staatsbezeichnung „REPÚBLICA DEMOCRÁTICA DE SÃO TOMÉ E PRÍNCIPE" und den Wahlspruch „UNIDADE DISCIPLINA TRABALHO" (Einheit, Disziplin, Arbeit).

Die Flagge von São Tomé und Príncipe wurde 1982 gesetzlich festgelegt. Sie besteht aus drei gleichbreiten, horizontalen Streifen in den Farben Grün über Gelb über Grün. Am Liek befindet sich ein gleichschenkliges, rotes Dreieck, dessen Basis vom Liek gebildet wird und dessen Höhe der halben Länge der Basis entspricht. In dem gelben Mittelstreifen stellen zwei schwarze, fünfstrahlige Sterne die beiden Hauptinseln des Staates dar.

Nationalflagge

Staatswappen

* Das Königreich Saudi-Arabien entstand 1932 aus der Vereinigung des Hedschas und des Nedschd durch Abd al-Aziz ibn Saud, den Herrscher des Wahhabitenreiches, der 1924/25 das Königreich Hedschas eroberte und sich 1926 zum „König des Nedschd und des Hedschas" ausrufen ließ. Zu dieser Zeit erschien erstmals das noch heute gebräuchliche Symbol, eine grüne Dattelpalme, den Hauptproduktionszweig der Landwirtschaft verkörpernd, über zwei gleichfalls grünen, gekreuzten arabischen Krummsäbeln als Zeichen des Zusammenschlusses von Nedschd und Hedschas und zur Erinnerung an die Zeit der militanten Verbreitung des Islams.

Nationalflagge

Handelsflagge

Marineflagge

Die Flagge des Königreiches Saudi-Arabien ist grün und symbolisiert den Islam. Grün wird als die Lieblingsfarbe des Propheten Mohammed angesehen, der einen grünen Umhang getragen haben soll. Grün ist auch die Farbe der Aliden, der Abkömmlinge des Prophetensohnes Ali. Sie hat besondere Bedeutung für die Dynastie der Wahhabiten als Beschützer der islamischen Heiligtümer von Mekka (Kaaba) und Medina (Grab Mohammeds). Die Flagge Saudi-Arabiens trägt im Zentrum in weißer arabischer Schrift die Schahada, das islamische Glaubensbekenntnis: „Es gibt keinen Gott außer Allah, und Mohammed ist sein Prophet". Unterhalb des Schriftzuges befindet sich ein liegendes, weißes Schwert.

Königsflagge

✳ Das Königreich Schweden verfügt über zwei Wappen. Das kleine Wappen wird von den staatlichen Institutionen geführt und zeigt auf blauem Grund drei goldene Kronen, darüber die schwedische Königskrone. Dieses sog. Dreikronenwappen ist bereits seit dem 14. Jahrhundert bekannt. Das große Wappen Schwedens – auch Königswappen genannt – wurde 1908 festgelegt. Es hat einen durch ein goldenes Kreuz quadrierten Schild. Das erste und das vierte Feld zeigen auf blauem Grund die drei Kronen, im zweiten und dritten Feld erinnert ein goldener Löwe auf blau-weißem, schräggeteiltem Grund an die Dynastie der Folkunger, die im 13. Jahrhundert den schwedischen Staat bedeutend festigte. Dieser Schild ist mit einem gespaltenen Herzschild belegt. Er zeigt auf der einen Hälfte das Wappen der Familie Wasa, eine goldene Vase auf blau-silber-rot schräggeteiltem Untergrund. Die andere Hälfte wird vom Wappen der regierenden Familie Bernadotte eingenommen, einer silbernen Brücke auf blauem Grund, darüber zwei gekreuzte Stäbe, auf denen ein Adler bäumt, und darüber sieben goldene Sterne. Um den Hauptschild des Königswappens liegen Kette und Kleinod des bereits im 14. Jahrhundert geschaffenen und im 18. Jahrhundert erneut gestifteten Seraphinenordens.

Großes Staatswappen (Königswappen)

National- und Handelsflagge

Kleines Staatswappen

Legenden führen die Entstehung der schwedischen Flagge auf eine ähnliche Erscheinung zurück, wie sie über die Entstehung des Danebrog berichtet wird. Das soll bereits im 12. Jahrhundert geschehen sein. Bekannt ist, daß Gustav I. Wasa nach seiner Wahl zum König (1523) die blaue Flagge mit dem geraden gelben Kreuz bestätigte. Die schwedische National-flagge zeigt die schwedischen Farben in der Form der skandinavischen Flaggen – ein goldenes gerades Kreuz, dessen Mittelpunkt zum Liek hin verschoben ist, auf blauem Grund. Gold wird als Farbe der Sonne und Blau als die des Himmels und des Meeres gedeu-tet.

Seit 1983 ist der Flaggentag, der am 6.Juni zur Erin-nerung an den Amtsantritt König Gustavs I. Wasa be-gangen wird, schwedischer Nationalfeiertag.

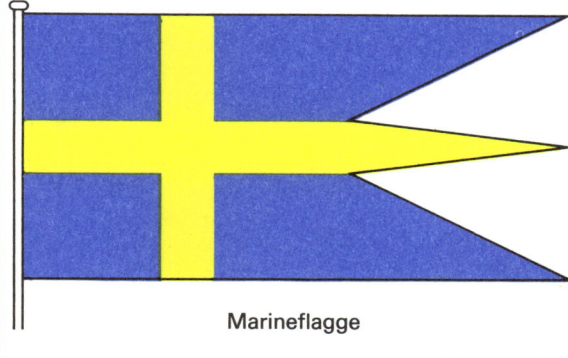

Marineflagge

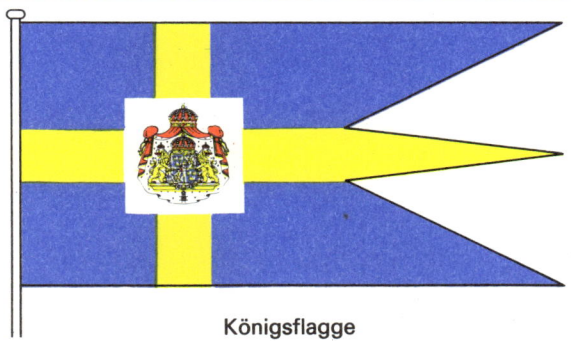

Königsflagge

Bundeswappen

✳ Wappen und Flagge der Schweizerischen Eidgenossenschaft gehen auf alte Feldzeichen der Schwyzer im 13. Jahrhundert zurück. In der Verfassung von 1815 (Bundesvertrag) wurde ein freistehendes weißes Kreuz im roten Feld als Symbol des Schweizerischen Siegels festgelegt. Das Wappen wurde 1889 durch Bundesbeschluß bestätigt als „im roten Felde ein aufrechtes, freistehendes weißes Kreuz."

Offiziell wurde die in gleicher Weise gestaltete quadratische Nationalflagge im Jahre 1848 eingeführt und in der damaligen Verfassung festgelegt. 1953 schuf man für die Schiffahrt eine rechteckige Schweizerflagge.

Handelsflagge

Nationalflagge

Staatswappen

Nationalflagge

✱ Das Wappen der Republik Senegal ist ein gespaltener Schild, der auf der einen Seite Symbole der Kraft und der revolutionären Gesinnung zeigt, einen goldenen Löwen auf rotem Grund. Auf der anderen Hälfte ist ein naturfarbener Affenbrotbaum (Baobab) auf goldenem Grund über einem grünen Wellenbalken dargestellt, Sinnbilder des Landes, in dem überall der Baobab wächst, und des für die Landwirtschaft wichtigen Senegalstroms. Um den Schild schlingt sich ein Kranz aus silbernen Palmenzweigen, die durch ein Band zusammengehalten werden. Das Band trägt den Wahlspruch „UN PEUPLE UN BUT UNE FOI" (Ein Volk, ein Ziel, ein Glaube). Über dem Schild befindet sich ein grüner, fünfstrahliger Stern, das Symbol der Unabhängigkeit und der Hoffnung, während unter dem Schild an einem grünen Band das Abzeichen des senegalesischen Nationalordens zu sehen ist.

Die Flagge der Republik Senegal entspricht der Flagge der Maliföderation, der Senegal von 1959 bis 1960 angehörte und als deren Gliedstaat es 1960 die Unabhängigkeit erlangte. Die Farben der senkrechten Streifen werden wie folgt gedeutet: Grün ist die Farbe der Hoffnung, Gelb das Sinnbild der blühenden Landschaft und Rot die Verkörperung des Kampfes für die Unabhängigkeit und des Lebens. Der grüne Stern im Zentrum der Flagge ist das Symbol der Unabhängigkeit des Landes.

✳ Das Wappen der Republik Seychellen zeigt auf seinem Schild eine Insel im Vordergrund, auf der eine Schildkröte und eine große Kokospalme mit ihren Früchten abgebildet sind. Eine zweite Insel im Hintergrund erinnert daran, daß die Republik der Seychellen weitere 91 Inseln zu ihrem Territorium zählt. Das Segelschiff zwischen beiden Inseln symbolisiert den Schiffsverkehr, mit dem die Verbindung zwischen den Inseln aufrechterhalten wird. Als Schildhalter dienen zwei Fische der die Inseln umgebenden tropischen Gewässer. Das Oberwappen bildet ein Helm mit rot-grünem Wulst und gleichfarbenen Helmdecken. Darüber schwebt ein einheimischer Vogel über blau-weißen Wellen. Unter dem Wappen befindet sich ein Band mit dem lateinischen Wahlspruch „FINIS CORONAT OPUS" (Das Ende krönt das Werk). Das Wappen ist britischen Ursprungs und wurde bei der Erlangung der Unabhängigkeit 1976 verliehen.

Nach einer revolutionären Umwälzung Anfang Juni 1977 gab sich die Republik eine neue Flagge. Während das rote, obere Feld der Flagge die Ziele der neuen Gesellschaftsordnung versinnbildlicht, die auf der Grundlage von Arbeit und Disziplin erstrebt werden, ist der untere, grüne Horizontalstreifen Symbol der Landwirtschaft, die nur auf 5% der Landesfläche möglich ist und trotzdem die Grundlage der Wirtschaftsentwicklung bildet, da die Inselrepublik über keine Bodenschätze verfügt und nur eine unbedeutende Industrie besitzt. Beide Streifen werden durch ein weißes Wellenband voneinander getrennt. Seine Farbe verkörpert Freiheits- und Friedensliebe des jungen Staates und seiner Bewohner, seine Form soll das Meer darstellen, das die Inseln umgibt.

Staatswappen

Nationalflagge

Staatswappen

✳ Das Staatswappen der Republik Sierra Leone stammt aus dem Jahre 1961. Zu diesem Zeitpunkt erlangte das Land die staatliche Selbständigkeit. Drei schwarze Fackeln im silbernen, dreifach gezahnten Schildhaupt symbolisieren mit ihrer Farbe die afrikanische Bevölkerung und mit ihren Flammen deren Streben nach Freiheit und Wissen. Durch die Zackenlinie entstehen grüne Berge; vor ihnen ein schreitender Löwe – Sinnbild des Namens „Löwenberge", den die portugiesischen Entdecker dem Land gaben. Den Schildfuß bilden blau-weiße Wellenbalken. Sie weisen auf die maritime Lage und die Bedeutung des seewärtigen Handels für die Entwicklung des Landes hin. Als Schildhalter fungieren zwei Löwen; jeder hält zwischen den Vorderpranken eine Ölpalme, deren Früchte eine wichtige Position im Export Sierra Leones einnehmen. Unter dem Schildfuß der Wahlspruch „UNITY – FREEDOM – JUSTICE" (Einheit, Freiheit, Gerechtigkeit).

Die Flagge von Sierra Leone wurde erstmals am Unabhängigkeitstag (27.4.1961) gehißt. Sie zeigt drei gleichbreite, horizontale Streifen. Der obere, grüne Streifen ist Sinnbild der Landwirtschaft und der natürlichen Reichtümer, der Bodenschätze des Landes, während die darunter befindlichen Streifen Frieden und Gerechtigkeit (Weiß) sowie den Ozean (Blau) verkörpern.

Nationalflagge

Simbabwe

✳ Das Wappen der Republik Simbabwe wurde erst nach Erlangung der Unabhängigkeit (1980) geschaffen. Der grüne Schild ist Ausdruck fruchtbaren Bodens, während der blau-weiße Wellenschnitt im Schildhaupt das Wasser darstellt, durch das Gedeihen und Wohlstand ermöglicht werden. Eine Darstellung der Ruinen von Groß-Simbabwe erinnert an das historische Erbe des Landes, während Hacke und Gewehr, hinter dem Schild gekreuzt, den Übergang vom Krieg zum Frieden versinnbildlichen. Über dem Schild ein gold-grüner Wulst, Repräsentation der Bergbau- und Landwirtschaftsbetriebe, die die Grundlage der Wirtschaft Simbabwes bilden. Als Oberwappen dient ein fünfstrahliger Stern, ein altes Zeichen der Hoffnung auf eine bessere Zukunft. Seine rote Farbe soll die früheren Leiden des Volkes in Erinnerung rufen wie auch die Notwendigkeit, deren Wiederholung für die Zukunft zu verhindern. Vor dem Stern eine goldene Darstellung des Großen Simbabwe-Vogels, der zum nationalen Symbol wurde. Die beiden Kudu-Antilopen als Schildhalter mögen mit ihren natürlichen Farben Schwarz, Weiß und

Nationalflagge

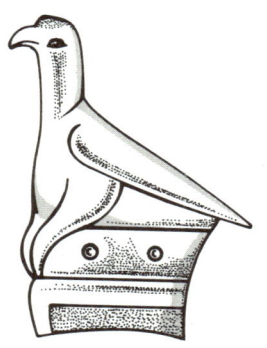

Detail
des Staatswappens

Braun an die notwendige Einheit der verschiedenen ethnischen Gruppen erinnern, aus denen sich die Bevölkerung zusammensetzt. Schild und Schildhalter ruhen auf einem naturfarbenen Stück Land, das Erzeugnisse der Landwirtschaft — Weizenähren, eine Baumwollkapsel und einen Maiskolben — trägt. Den unteren Abschluß bildet das Motto „UNITY — FREEDOM — WORK" (Einheit, Freiheit, Arbeit).

Die Flagge Simbabwes zeigt sieben gleichbreite, horizontale Streifen Grün, Gelb, Rot, Schwarz, Rot, Gelb und Grün sowie ein weißes Dreieck am Liek, in dem der aus dem Wappen bekannte rote Stern und der Große Simbabwe-Vogel abgebildet sind. Der schwarze Streifen verkörpert die schwarze Mehrheit der Bevölkerung. Die roten Streifen erinnern an das im Freiheitskampf geopferte Blut. Die gelben Streifen stehen für die reichen Bodenschätze und die grünen für die Vegetation und die Landwirtschaft. Das weiße Dreieck ist Ausdruck des Friedens, Stern und nationales Symbol verkörpern die Hoffnungen der Menschen.

Staatswappen

✳ Das Staatswappen der Republik Singapur zeigt einen roten Schild, auf dem ein weißer, steigender Halbmond und darüber fünf weiße, fünfstrahlige Sterne – zu einem Kreis geordnet – dargestellt sind. Rot und Weiß sind traditionelle Farben dieser Region. Rot steht für die Brüderlichkeit und die Gleichheit, Weiß für Reinheit und Tugend. Der steigende Halbmond ist Hinweis auf das junge, aufstrebende Land, dessen Ziele Demokratie, Frieden, Fortschritt, Gerechtigkeit und Gleichheit von den fünf Sternen versinnbildlicht werden. Die Schildhalter, ein Löwe und ein Tiger, verweisen auf den Namen des Stadtstaates „Singapur" (Löwenstadt) und seine Lage in der malaiischen Region. Das Spruchband, auf dem sowohl der Schild als auch die Schildhalter ruhen, trägt den Titel der Nationalhymne „MAJULAH SINGAPURA" (Vorwärts, Singapur).

Die Nationalflagge Singapurs ist horizontal in zwei gleichbreite Streifen geteilt, der obere rot, der untere weiß. In der am Liek befindlichen Hälfte des roten Streifens sind die Symbole des Staatswappens abgebildet, ein weißer Halbmond und daneben fünf kreisförmig angeordnete weiße Sterne.

National- und Staatsflagge

Handelsflagge

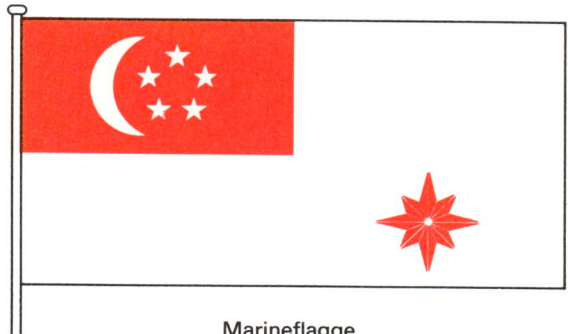

Marineflagge

Flagge der Hilfsschiffe

Präsidentenflagge

Somalia

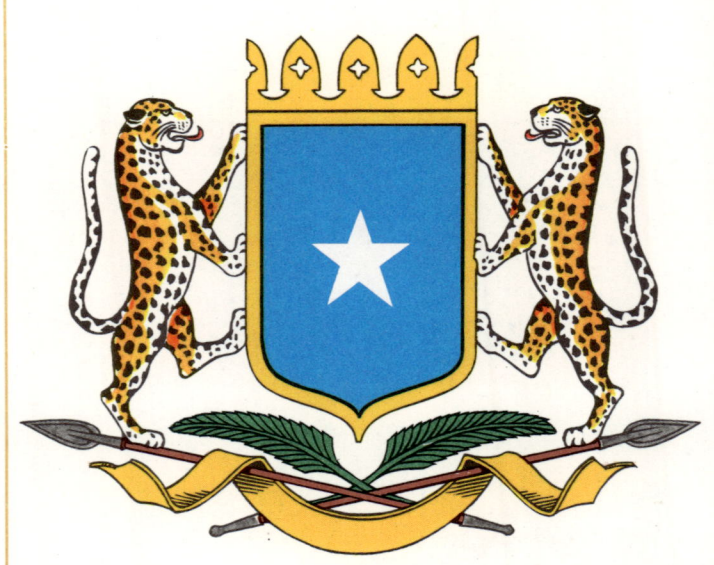

Staatswappen

✶ Am 1. Juli 1960 schloß sich die ehemalige britische Kolonie Somaliland mit dem ehemaligen Italienisch-Somaliland zusammen, das seit 1950 ein von Italien verwaltetes UN-Treuhandgebiet war. Der neue Staat nannte sich Republik Somalia, änderte aber später, im Jahre 1969, seinen Namen in Demokratische Republik Somalia. Das Wappen Somalias ist sehr schlicht gestaltet. Es zeigt einen weißen, fünfstrahligen Stern auf einem hellblauen Wappenschild. Der Stern wird in den afrikanischen Wappen und Flaggen häufig als Zeichen der Freiheit verwendet. Die fünf Strahlen des Sterns sollen an die fünf Gebiete erinnern, in denen zur Zeit der Entstehung des Staates Somali lebten – Britisch-Somaliland, Italienisch-Somaliland, Französisch-Somaliland (das heutige Djibouti), Äthiopien und Kenia. Die hellblaue Farbe des Schildes symbolisiert den blauen Himmel über diesem Land auf dem sog. Horn von Afrika, der östlichen Spitze des afrikanischen Kontinents.

Nationalflagge

Eine stilisierte Mauerkrone über dem Schild soll die Souveränität des Landes zum Ausdruck bringen. In der italienischen Heraldik wurden sehr früh architektonische Stilelemente verwendet. Diese Gepflogenheit wurde durch die napoleonische Heraldik verstärkt, in der Städtewappen mit goldenen Mauerkronen geschmückt wurden, wobei Städte erster Ordnung Kronen mit sieben Zinnen erhielten, Städte zweiter Ordnung sich dagegen mit einer Krone aus fünf Zinnen begnügen mußten. Das mag der Ursprung für die Mauerkrone gewesen sein, die mit ihren fünf sichtbaren Zinnen den Schild des somalischen Staatswappens schmückt.

Der Schild wird von zwei Leoparden in natürlicher Farbe gehalten. Ein Leopard war schon in einem alten somalischen Kolonialwappen enthalten, das auch einen weißen, fünfstrahligen Stern trug. Die beiden Leoparden stehen über zwei flach schräggekreuzt angeordneten goldenen Palmenzweigen und Speeren, über die ein gleichfalls goldenes Band drapiert ist. Das Band dient rein dekorativen Zwecken und trägt keine Aufschrift. Die Palmenzweige versinnbildlichen den Frieden. Die beiden Speere stammen wahrscheinlich aus dem Wappen von Britisch-Somaliland, wo sie, allerdings mit nach unten gerichteten Spitzen, gleichfalls friedliche Absichten bekundeten.

Die Flagge der Demokratischen Republik Somalia entspricht dem Wappenschild in Farbe und Gestaltung. Ein hellblaues Flaggentuch trägt in seiner Mitte einen weißen, fünfstrahligen Stern.

Staatswappen

★ Das Wappen der Union der Sozialistischen Sowjetrepubliken wurde 1924 offiziell eingeführt und in der Verfassung von 1977 erneut bestätigt. In ihm nehmen die Symbole friedlicher Arbeit der Arbeiter und Bauern, Hammer und Sichel, vor einem über einer aufgehenden Sonne schwebenden Erdball den zentralen Platz ein. Diese Darstellung wird von Getreideähren umkränzt, die von einem roten Band zusammengehalten werden. Den oberen Abschluß des Wappens bildet der zwischen den Ähren schwebende rote, goldgesäumte, fünfstrahlige Stern. Zusammen mit Hammer und Sichel ist er Symbol der Oktoberrevolution von 1917, in deren Ergebnis Sowjetrußland und später die Sowjetunion entstand.

Staats- und Handelsflagge

Marineflagge

Flagge der Hilfsschiffe

Das rote Band trägt in den Sprachen der 15 Unionsre-
publiken die Losung „Proletarier aller Länder, vereinigt Euch!".

Die Staatsflagge der Union der Sozialistischen Sowjetrepubliken wurde Ende 1923 eingeführt und 1980
zuletzt festgelegt. Sie besteht aus einem roten Flaggentuch, dem Zeichen der siegreichen proletarischen
Revolution, und trägt auf ihrer Vorderseite in der oberen Ecke am Liek eine goldfarbene Darstellung von
Hammer und Sichel, gekreuzt, über der ein roter,
goldgesäumter, fünfstrahliger Stern schwebt. Diese
Symbole sind bereits aus dem Staatswappen bekannt. Die Rückseite der Flagge ist rot und ohne jegli-
ches Emblem.

✳ Im Jahre 1981 wurde das Wappen des Königreiches Spanien in seiner heute gültigen Form festgelegt. Seine Symbole gehen auf Wappenzeichen zurück, die im 12. bis 16. Jahrhundert in den verschiedenen Landesteilen, in Kastilien, Aragón, León, Navarra und Granada, geführt wurden.

Der Wappenschild ist geviert, unten ist in der Mitte ein Dreieck eingefügt. Das erste Wappenfeld zeigt das Wappen Kastiliens, auf rotem Grund ein goldenes, zinnenbewehrtes Kastell mit einem blauen Portal und blauen Bogenfenstern im Mauerwerk. Das zweite Feld zeigt das Symbol des ehemaligen Königreiches León, auf silbernem Grund einen purpurfarbenen, steigenden, gold bekrönten Löwen mit roter Zunge und roten Krallen. Sinnbilder der gemeinsamen Geschichte Aragóns und Kataloniens sind die vier roten Pfähle im dritten, gelben Feld des Wappens. Im vierten Feld erscheint auf rotem Grund eine goldene Kette, die zu einem gemeinen und darüber liegenden Andreaskreuz gelegt ist und zugleich die schildförmige Umrandung dieser Darstellung bildet. Im Zentrum dieser an die Ketten von Navarra erinnernden Symbole befindet sich ein Smaragd. Im silbernen, gekrümmten Dreieck in der Mitte des Schildfußes repräsentiert ein naturfarbener Granatapfel mit rotem Spalt, grünem Stiel und zwei grünen Blättern das ehemalige maurische Königreich Granada.

Flankiert wird der Wappenschild seit Kaiser Karl V. (1519/56) von zwei silbernen Säulen, die an die Taten des Herkules erinnern sollen, auf abwechselnd blauen und weißen Wellen ruhen und mit goldenen Kapitellen versehen sind. Eine Säule trägt die Kaiserkrone des Heiligen Römischen Reiches Deutscher Nation, die andere die spanische Königskrone. Beide Säulen werden von einem roten Band umschlungen

Staatswappen

National- und Handelsflagge

und miteinander verbunden, auf dem die Worte „PLUS ULTRA" (darüber hinaus) stehen und daran erinnern, daß Christoph Kolumbus 1492 im Auftrag der spanischen Krone den Seeweg nach Amerika entdeckte. Der Wappenschild ist im Zentrum mit einem rotbordierten, ovalen Herzschild belegt, der auf blauem Grund drei goldene Lilien zeigt, das Wappenzeichen der herrschenden Dynastie der Bourbonen.

Über dem Wappenschild befindet sich die Königskrone. Sie besteht aus einem geschlossenen, goldenen Ring, auf dem acht Akanthusblätter sitzen (nur fünf sind zu sehen). Der Ring ist mit Edelsteinen besetzt. Zwischen den Akanthusrosetten sind Perlen angebracht; aus den Blattspitzen wachsen große, perlenbesetzte Diademe hervor, die in einer blauen, mit goldenen Meridianen und einem goldenen Äquator versehenen Erdkugel zusammentreffen, aus der ein goldenes Kreuz herausragt.

Die Flagge Spaniens wurde unter König Carlos III. entworfen und im Jahre 1785 zum erstenmal — damals als Marineflagge — gehißt. Damit wurde die früher weiße Flagge des Königreiches abgelöst, um durch die auffallende Farbgebung eine leichtere Unterscheidung von anderen Flaggen zu ermöglichen. Seither zeigt die spanische Flagge, die 1793 zur allgemeinen Nationalflagge erklärt wurde, die Farben Rot über Gelb über Rot in drei horizontalen Streifen, wobei der gelbe Streifen in der Mitte die Hälfte der Flaggenbreite einnimmt, also so breit ist, wie beide rote Streifen zusammengenommen.

Die Flagge der Seestreitkräfte Spaniens trägt seit dem Jahre 1793 im Mittelstreifen das Wappen. Heute ist diese Flagge zugleich die Dienstflagge des Landes.

Staats- und Marineflagge

✳ Das Wappen der Demokratischen Sozialistischen Republik Sri Lanka stammt aus dem Jahre 1954, wurde mehrmals modifiziert und 1972 in der heutigen Form bestätigt. Es zeigt im Zentrum einen schwerttragenden Löwen, Symbol des alten Königreiches von Kandy, umgeben von einem Rand aus Lotosblütenblättern und einem Kranz aus Reisähren. Über dieser Darstellung das „Rad der Lehre" („Dharma Tschakra"), das Lebensrad des Buddhismus. Unter dem Kranz sind Mond und Sonne, alte buddhistische Symbole der Langlebigkeit, sowie eine Reisschüssel als Ausdruck von Wohlstand und Glück dargestellt.

Staatswappen

Nationalflagge

Handelsflagge

Die Flagge Sri Lankas ist seit 1951 in Gebrauch. Auch sie geht auf das alte Königreich von Kandy zurück, dessen Flagge im 16. Jahrhundert auf karminrotem, goldumsäumtem Tuch einen schreitenden, schwerttragenden, goldenen Löwen zeigte. Diesem Symbol, das die singhalesische Mehrheit der Bevölkerung repräsentiert, wurden innerhalb eines goldenen Randes am Liek zwei senkrechte Streifen hinzugefügt, ein grüner für die mohammedanischen Landesbewohner und ein orangefarbener für die Tamilen. In den Ecken des karminroten Feldes befindet sich je ein Blatt des Bo-Baumes, einer indischen Feigenart.

✴ Das Wappen der Republik Südafrika wurde im Jahre 1910 vom britischen König verliehen und erfuhr seither nur geringfügige Veränderungen. Die vier Felder des Wappenschildes stehen für die vier Provinzen. Im ersten Feld stützt sich eine Frau, die die Hoffnung verkörpert, auf einen Felsen. Sie hält einen Anker in der Hand und ist das Symbol der Kapprovinz, zu der das Kap der Guten Hoffnung gehört. Die beiden schwarz-braunen Gnus (in Südafrika Wildebeest genannt) im zweiten Feld vertreten Natal. Der Baum im dritten Feld, in dessen Krone die Orangen leuchten, steht für den Oranjefreistaat, während der Treckwagen im vierten Feld Sinnbild der Provinz Transvaal ist. Die das Wappen teilende Wellenlinie soll an den Oranjefluß erinnern. Als Schildhalter dienen ein Springbock und eine Oryx-Antilope, typische Vertreter der Fauna des südlichen Afrikas. Das Fundament für Schild und Schildhalter ist eine Rasenfläche, besetzt mit Protea-Blüten, der Nationalblume Südafrikas, und belegt mit einem Band, das den Wahlspruch des Landes „EX UNITATE VIRES" (Aus der Einigkeit erwächst die Kraft) trägt. Dieses Motto findet bildlichen Ausdruck in dem Stabbündel, das der das Oberwappen bildende rote Löwe in der rechten Pranke hält. Er steht auf rot-weißen Helmdecken über einem silbernen Stechhelm. Das Zeichen des Stabbündels ist dem alten Wappen der niederländischen Generalstaaten entnommen.

Die 1928 erstmals offiziell gehißte Flagge der Republik Südafrika erinnert mit den drei horizontalen Streifen orange-weiß-blau daran, daß die ersten Siedler niederländischer Herkunft waren. Im Zentrum des weißen Streifens die Flagge des Oranjefreistaates, ihr zur Seite die Flaggen von Transvaal und Großbritannien. Die britische Flagge wurde gewählt, weil bis 1910 Natal und die Kapprovinz britische Kronkolonien waren.

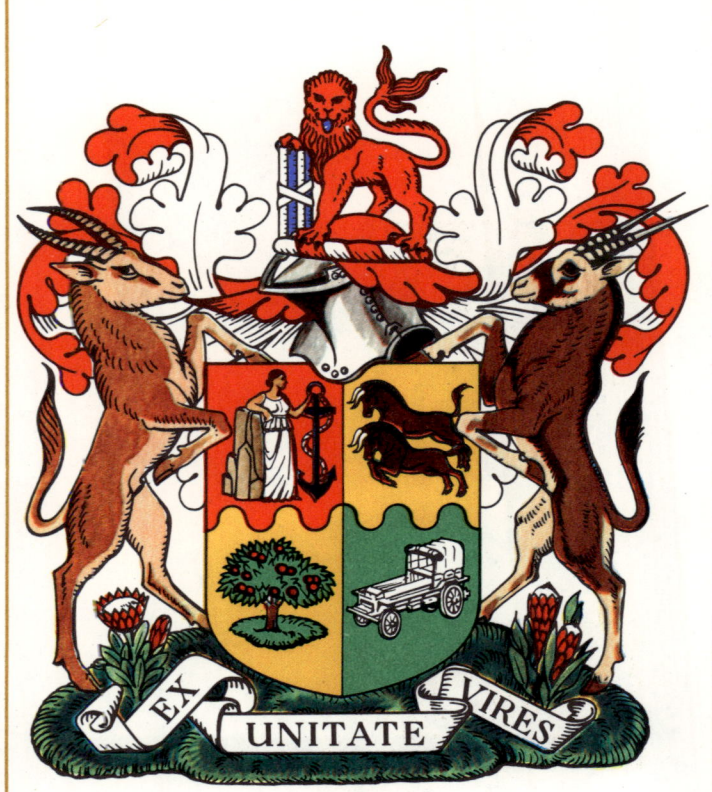

Staatswappen

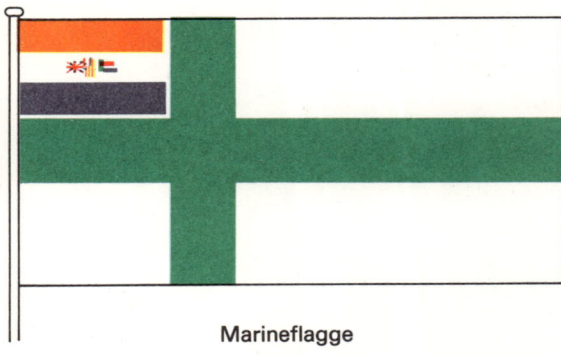

Marineflagge

National- und Handelsflagge

النصر لنا

جمهورية السودان

Staatswappen

✷ Das 1969 eingeführte Staatswappen der Republik Sudan zeigt als Hauptfigur einen auffliegenden, in der Region heimischen Kranichgeier (Sagittarius serpentarius Miller). Der Kranichgeier wird wegen der gesträubten Federn des Hinterkopfes auch „Sekretär" genannt, da diese Federn an die hinter das Ohr gesteckten Schreibfedern eines Sekretärs erinnern. Über dem Kranichgeier trägt ein Schriftband in grüner Farbe die arabische Inschrift „Der Sieg ist unser", am Fuß erscheint die arabische Staatsbezeichnung, gleichfalls in Grün auf einem weißen Schriftband.

Die heute gültige Flagge Sudans wurde 1970 offiziell eingeführt. Sie zeigt drei gleichbreite, horizontale Streifen in den Farben Rot über Weiß über Schwarz und am Liek ein gleichseitiges, grünes Dreieck. Grün als Farbe des Islams wird auch, da nicht die gesamte Bevölkerung diesem Glauben angehört, als Ausdruck des Wohles und des Gedeihens des Staates betrachtet. Die rote Farbe der Revolution verkörpert das Ziel des sozialen Fortschritts und soll gleichzeitig an die Opfer erinnern, die der Kampf für die Unabhängigkeit des Landes forderte. Der weiße Streifen symbolisiert den Frieden und die Zukunft. Er wird auch als Erinnerung an die „Liga der Weißen Fahne" gedeutet, die 1924 um die Unabhängigkeit von der britisch-ägyptischen Oberherrschaft kämpfte. Der schwarze Streifen schließlich verkörpert die Zugehörigkeit Sudans („Bilad as-Sudan", Land der Schwarzen) zum afrikanischen Kontinent. Schwarz war auch die Flagge der Mahdisten, die Ende des 19. Jahrhunderts unter Führung von Mohammed Ahmed ibn Abdallah (genannt al-Mahdi) gegen Ägypter und britischen kolonialen Einfluß kämpften und den Mahdistaat (1885/98) errichteten.

Nationalflagge

✳ Mit der Erlangung der Unabhängigkeit im Jahre 1975 führte die Republik Suriname das Wappen ein. Es wird von einem hochovalen Wappenschild gebildet, der gespalten ist und auf der einen Seite auf weißem Grund über einer grünen Basis eine grüne Palme trägt, die an die Bedeutung der Landwirtschaft für das industriell wenig entwickelte Agrarland erinnern soll. Auf der anderen Hälfte bringt ein goldenes Segelschiff über blau-weißen Wellenbalken auf blauem Grund die Rolle des Seetransportes für die Wirtschaft des Landes zum Ausdruck. Der stehende, grüne Rhombus im Zentrum des Wappens hat die Funktion eines Herzschildes. Er ist Ausdruck der Bodenschätze des Landes und trägt zum Zeichen der Unabhängigkeit Surinames einen goldenen, fünfstrahligen Stern. Schildhalter sind zwei mit Bogen und Pfeilen bewaffnete Eingeborene, die einen indianischen Federkopfschmuck tragen. Schild und Schildhalter ruhen auf einem Band mit dem Wahlspruch: „JUSTITIA PIETAS FIDES" (Gerechtigkeit, Glauben, Treue).

Auch die Flagge von Suriname stammt aus dem Jahre 1975. Sie zeigt fünf horizontale Streifen. Der breite Mittelstreifen ist rot und trägt im Zentrum einen gelben, fünfstrahligen Stern. Die etwas schmaleren Außenstreifen sind grün und werden durch je einen schmalen weißen Streifen von der roten Mitte getrennt.

Staatswappen

Nationalflagge

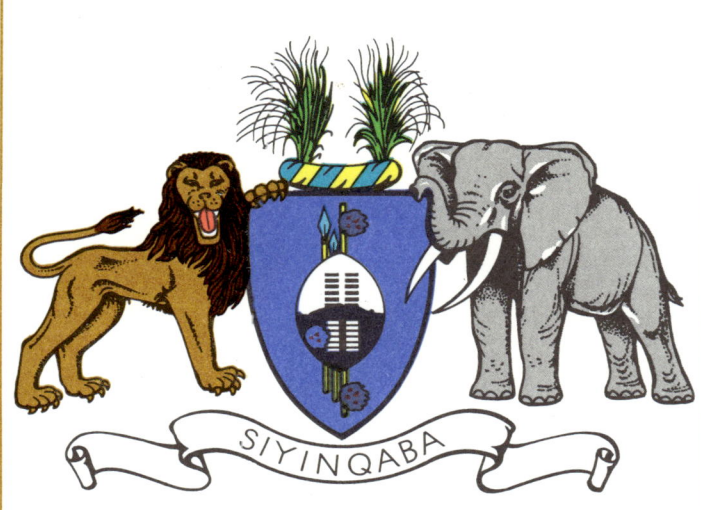

Staatswappen

✱ Als 1968 das Königreich Swasiland seine volle Unabhängigkeit erhielt, wurde auch das Staatswappen
geschaffen. Ein blauer Schild zeigt in der Mitte traditionelle Waffen der Swasi: Pfahlweise sind nebeneinander angeordnet zwei Speere der Ngoni und ein
Swasi-Kampfstock, an dessen Ende sich als Zeichen
königlicher Macht Federbüschel befinden. Auf ihnen
liegt ein schwarzweißer Swasi-Kampfschild, gleichfalls mit einem Federbüschel versehen. Der ringför-
mige blaugoldene Kopfschmuck eines Swasi-Krie-
gers ruht auf dem Wappenschild; darin stecken zwei
Büschel aus Federn des einheimischen Witwenvo-
gels. Schildhalter sind ein Löwe und ein Elefant, Symbole der staatlichen Macht. Der Löwe steht für den
König, der Elefant für die Königinmutter, die den König vertritt, wenn er an der Ausübung der Herrschaft
gehindert ist. Auf diese beiden bezieht sich auch die
Inschrift auf dem Schriftband, das das Wappen unten abschließt: „SIYINQABA" (Wir sind die Festung).

Auch die Flagge von Swasiland stammt aus dem
Jahr der Proklamation der Unabhängigkeit. Ihre Gestaltung geht auf eine 1941 vom König verliehene
Fahne des Swasi-Pionierkorps zurück, das auf britischer Seite am zweiten Weltkrieg teilnahm. Der zentrale, karminrote Streifen, der auch die im Wappen
gezeigten traditionellen Waffen – Speer, Kampfstock
und Kampfschild – trägt, soll an die kämpferischen
Traditionen der Swasi erinnern. Die beiden schmalen
gelben Streifen sind die Verkörperung der natürlichen Reichtümer des Landes. Die breiten, blauen
Streifen, welche die Flagge oben und unten abschließen, versinnbildlichen den Frieden, den das Land für
seine Entwicklung braucht.

Nationalflagge

✳ Das Wappen der Syrischen Arabischen Republik wurde 1980 in der heute gültigen Form festgelegt und nahm die gleich nach Erlangen der Unabhängigkeit geschaffene Figur des stilisierten Adlers wieder auf. Das Wappen besteht aus einem Schild, der eine farbige Darstellung der Nationalflagge trägt. Der Schild liegt auf einem goldenen, die Schwingen ausbreitenden stilisierten Adler, der in seinen Fängen ein goldenes Band mit der Staatsbezeichnung in kufischer Schrift trägt. Zwischen Adler und Schriftband befinden sich zwei goldene Weizenähren. Der Adler wird auf das Zeichen von Chalid ibn al-Walid zurückgeführt, einem Feldherrn Mohammeds, der im 7. Jahrhundert Damaskus eroberte.

Auch die Flagge wurde im Jahre 1980 geändert; Syrien führte die von 1958 bis 1961 gebräuchliche Flagge der damaligen Vereinigten Arabischen Republik wieder ein. Sie zeigt drei gleichbreite, horizontale Streifen in den Farben Rot über Weiß über Schwarz und trägt im weißen Streifen zwei grüne, fünfstrahlige Sterne. Es sind die bekannten arabischen Farben, die in den Flaggen vieler arabischer Länder zu finden sind. Schwarz soll die schwere Zeit der kolonialen Unterdrückung in Erinnerung rufen, Rot ist das Symbol der vollzogenen revolutionären Veränderungen, während Weiß das Bemühen um eine friedliche Zukunft zum Ausdruck bringen soll. Das Grün der beiden Sterne steht für den Islam, zu dem sich 80 % der Bevölkerung des Landes bekennen.

Staatswappen

Nationalflagge

Staatswappen

★ Das 1964 geschaffene Wappen der Vereinigten Republik Tansania enthält zahlreiche Elemente des Wappens des ehemaligen Tanganjika. Ein vierfach geteilter Massai-Kriegerschild steht pfahlweise auf einer Darstellung des Kilimandscharo. Er zeigt oben auf gelbem Grund den oberen Teil einer Fackel, Symbol der Freiheit und der Hoffnung, darunter die Flagge des Landes. Der rote, dritte Streifen trägt gekreuzt Hacke und Beil als Zeichen der friedlichen Arbeit in Industrie und Landwirtschaft. Im unteren Teil erinnern blaue Wellen auf weißem Grund an den alten Namen, der von dem des Tanganjikasees abgeleitet ist. Der Schild ist pfahlweise belegt mit einem Speer – Symbol der Bereitschaft des Volkes, die Unabhängigkeit des Landes zu verteidigen. Als Schildhalter dienen ein Mann und eine Frau in traditioneller Kleidung; sie sollen die Gleichberechtigung von Mann und Frau zum Ausdruck bringen. Diese stützen sich jeder auf einen Elefantenstoßzahn, die Mut und Stärke verkörpern. Am unteren Rand des Wappens trägt ein Band in Swahili die Aufschrift „UHURU NA UMOJA" (Freiheit und Einheit), in der der Zusammenschluß der beiden Staaten Tanganjika und Sansibar seinen Ausdruck findet.

Auch die Flagge Tansanias wurde 1964 eingeführt. Sie zeigt einen von der unteren Ecke am Liek zur oberen Ecke am fliegenden Ende führenden schwarzen Streifen, der beiderseits einen schmalen, gelben Saum hat. Von den dadurch entstehenden Dreiecken ist das obere am Liek von grüner Farbe, das untere an der Flugseite blau. Schwarz steht für die Bevölkerung des Landes und den afrikanischen Kontinent, Gelb versinnbildlicht die Bodenschätze, Grün die Fruchtbarkeit des Bodens und die Landwirtschaft, während Blau für die großen Seen und das Meer steht und an die Insel Sansibar erinnert, aus deren alter Flagge diese Farbe übernommen wurde.

Nationalflagge

✴ Das heute gebräuchliche Wappen des Königreiches Thailand wurde 1910 von König Rama VI. eingeführt. Es zeigt den adlerähnlichen Vogel Garuda der indischen Mythologie, der in Rot oder in Gold oder in beiden Farben dargestellt wird. Der Garuda gilt als König der Vögel und als Feind der Schlangen. Nach den Überlieferungen des Brahmaismus trug er auf seinem Rücken Gott Wischnu durch die Lüfte.

Die aus fünf horizontalen Streifen bestehende Flagge Thailands wurde gleichfalls von König Rama VI. geschaffen, jedoch erst im Jahre 1917. In der „Trairong" oder auch Drei-Farben-Flagge ist der mittlere, blaue Streifen doppelt so breit wie die anderen Streifen, die von weißer und von roter Farbe sind. Rot gilt als Verkörperung des Volkes der Thai, Weiß

Staatswappen

Nationalflagge

Marineflagge

ist die Farbe des Buddhismus und Blau das Zeichen der Monarchie.

Der weiße Elefant auf rotem Kreis im Zentrum der Marineflagge wurde aus der bis 1910 gültigen, einfarbigen roten Flagge übernommen. Sie war um 1816 mit der Abbildung eines weißen Elefanten versehen worden zur Erinnerung an das Glück verheißende Ereignis, daß König Rama II. im gleichen Jahr den dritten der sehr selten vorkommenden weißen Elefanten erwerben konnte.

Der Wechsel zur heute gültigen Flagge wurde auf Weisung König Ramas VI. vollzogen. Dieser hatte eine Flagge bemerkt, die verkehrt gehißt worden war, so daß die Beine des Elefanten nach oben zeigten.

Königsstandarte

✳ Das Wappen der Togolesischen Republik stammt aus dem Jahre 1962. Es zeigt im Zentrum einer ockerfarbenen, Strahlen aussendenden Sonnenscheibe die roten Buchstaben „RT" (République Togolaise). Hinter der Sonne hervor kommen zwei zur Seite geneigte Nationalflaggen. Flankiert wird die Darstellung von zwei ockerfarbenen Löwen, die Pfeil und Bogen in den Vorderpranken halten. Sie verkörpern Mut und Wachsamkeit des Volkes zur Bewahrung von Unabhängigkeit und Freiheit. Über der Darstellung ein Band mit dem Wahlspruch des Landes (seit 1979) „UNION PAIX SOLIDARITÉ" (Einigkeit, Frieden, Solidarität).

Die Flagge Togos wurde im Jahr der Unabhängigkeit, 1960, geschaffen. Sie zeigt die gleichen Farben wie die Flaggen vieler afrikanischer Staaten. Die drei grünen, horizontalen Streifen verkörpern das togolesische Volk, seine Hoffnung auf die Zukunft sowie die Landwirtschaft. Die beiden gelben Streifen dazwischen erinnern an die Arbeit als Quelle des Wohlergehens des Volkes und stehen zugleich für die Bodenschätze. Das Rot des Quadrats in der Oberecke am Liek gilt als Farbe der Treue und der Liebe, während der weiße, fünfstrahlige Stern in seiner Mitte Reinheit und edle Gesinnung zum Ausdruck bringen soll.

Staatswappen

Nationalflagge

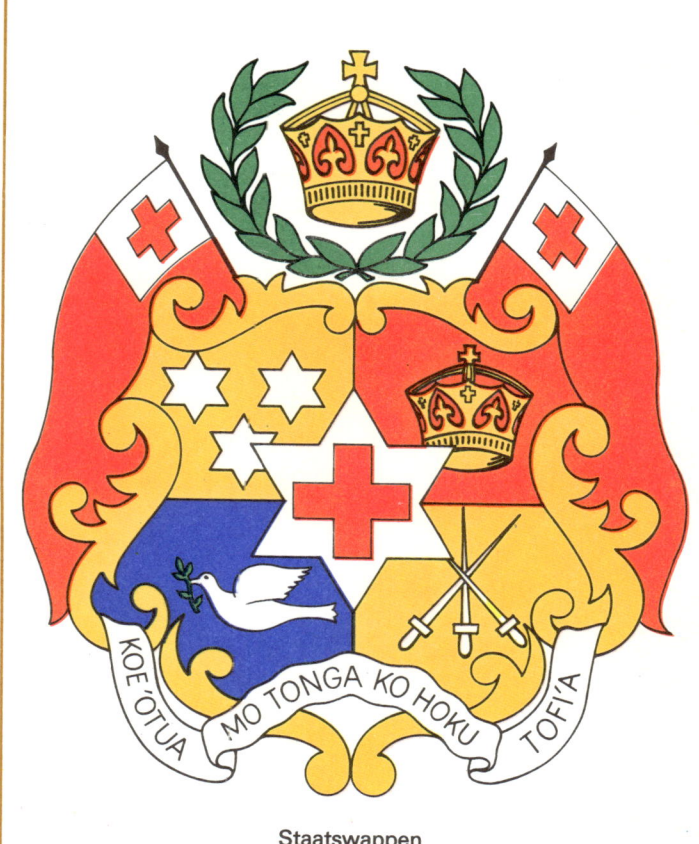

Staatswappen

✳ Das Wappen des seit 1970 unabhängigen Königreiches Tonga wurde bereits 1862 geschaffen. Es
zeigt im Zentrum einen sechsstrahligen, weißen
Stern, belegt mit einem roten, gleichschenkligen
Kreuz. Der Wappenschild selbst ist geteilt und ge-
spalten. Im ersten Feld stehen drei weiße, sechs-
strahlige Sterne für die drei Inselgruppen Tongatapu,
Ha'apai und Vava'u (insgesamt 169 Inseln, aber nur
36 bewohnt). Das zweite Feld enthält auf rotem
Grund die Königskrone als Symbol der Monarchie. Im
dritten Feld erinnert auf blauem Grund eine weiße
Taube mit grünem Myrtenzweig im Schnabel an die
Friedenssehnsucht der Menschen, die die Inseln von
Tonga bewohnen. Die drei gekreuzten, silbernen
Schwerter auf dem gelben Grund des vierten Feldes
repräsentieren die drei Königsgeschlechter, von de-
nen das herrschende Königshaus seine Herkunft ab-
leitet. Hinter dem Wappenschild sind zwei National-
flaggen gekreuzt; zwischen ihnen schwebt als
Oberwappen die Königskrone, umgeben von einem
Kranz aus Kastanienblättern, wie er in früheren Zeiten
von den Häuptlingen bei ernsten Entscheidungen getragen wurde. Den Abschluß des Wappens bildet ein
Band mit dem Wahlspruch König George Tupous I.
in Tongaisch: „KOE' OTUA MO TONGA KO HOKU
TOFI'A" (Gott und Tonga sind meine Erbschaft).
 Auch die rote Flagge Tongas, die in der Oberecke
am Mast ein schwebendes rotes Kreuz auf weißem
Grund trägt, stammt aus der Mitte des 19. Jahrhunderts. Das Kreuz soll die Tongaer an das Christentum
erinnern und seine rote Farbe das Blut repräsentieren, „das Christus am Kreuz für den Glauben vergos-
sen hat". Die heutige Gestaltung der Flagge erfolgte
in Anlehnung an das britische „red ensign", um eine
Verwechslung mit der Flagge des Roten Kreuzes zu
verhindern. Die Regierung dekretierte inzwischen,
daß die von König George Tupou I. eingeführte
Flagge nie geändert werden dürfe.

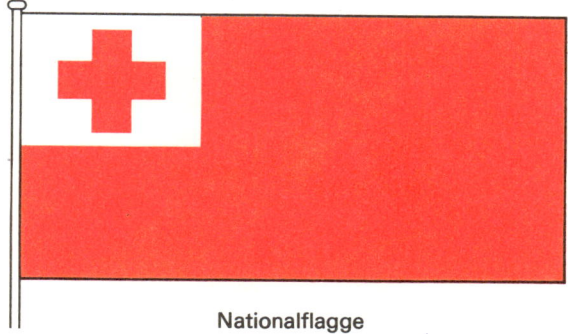

Nationalflagge

Königsflagge

✳ Die Republik Trinidad und Tobago erhielt ihr Wappen 1963, nachdem sie im Rahmen des Commonwealth of Nations die Unabhängigkeit erreicht hatte. Der in den Farben der Flagge gestaltete Schild wird durch einen silbernen Sparren geteilt. Er zeigt in der oberen, schwarzen Hälfte zwei Kolibris (phaethornis guy guy); diese repräsentieren die beiden Inseln Trinidad und Tobago. In der unteren, roten Hälfte erinnern drei Segelschiffe an die Karavellen von Christoph Kolumbus, der 1498 die Insel Trinidad entdeckte. Im Oberwappen verweist das Steuer eines Schiffes vor einer Palme auf die Bedeutung der Seefahrt für die Inseln und die tropische Lage der Region. Als Schildhalter dienen ein Scharlachibis (für Trinidad) und ein Corico (für Tobago), zwei Vögel, die nur auf diesen Inseln vorkommen. Das Wappen ruht auf zwei sich aus dem Meer erhebenden Inseln, von denen eine durch drei aufragende Gipfel charakterisiert wird. Von diesen drei Bergen erhielt die Insel Trinidad ihren Namen (Trinidad = Dreieinigkeit). Den unteren Abschluß des Wappens bildet ein Band mit dem Wahlspruch „TOGETHER WE ASPIRE TOGETHER WE ACHIEVE" (Gemeinsam streben wir, gemeinsam haben wir Erfolg).

Die rote Flagge von Trinidad und Tobago wird durch einen schwarzen, weiß besäumten Schrägbalken vom oberen Liek zum unteren fliegenden Ende geteilt. Weiß verkörpert das die Inseln verbindende Meer und soll die Hoffnung und die Gleichheit der Menschen zum Ausdruck bringen, Schwarz steht für das Land, für die Stärke des vereinten Volkes bei der Verwirklichung seiner Ziele sowie für den Reichtum des Landes. Rot stellt das Feuer dar und ist zugleich Symbol der Lebenskraft des Staates und seiner Bewohner, Ausdruck ihres Mutes sowie der Wärme und der Kraft der Sonne.

Staatswappen

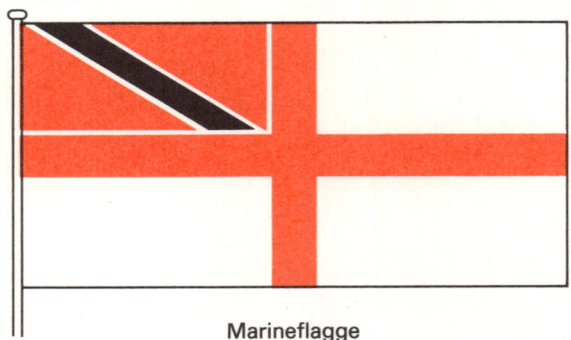

Marineflagge

Nationalflagge

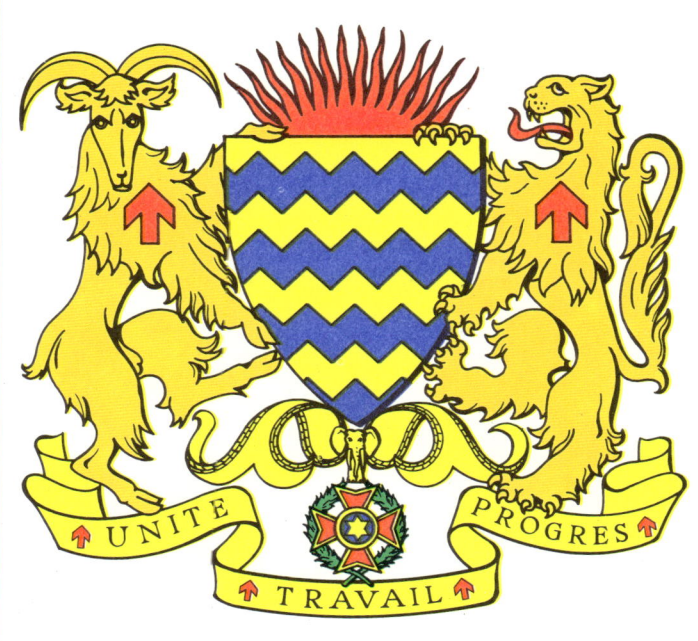

Staatswappen

✳ Anfang der siebziger Jahre wurde das Wappen der Republik Tschad eingeführt. Es zeigt einen gelben, von blauen, eckig gezogenen Balken mehrfach geteilten Schild, hinter dem die rote Sonne – Symbol der Freiheit – aufgeht. Schildhalter sind ein goldener Löwe und eine goldfarbene Antilope. Unter dem Schild liegt der Nationalorden Tschads. Das Band unter dem Wappen trägt den Wahlspruch der Republik „UNITÉ TRAVAIL PROGRÈS" (Einigkeit, Arbeit, Fortschritt).

Die 1959 geschaffene und 1960 mit Erlangen der Unabhängigkeit des Landes offiziell eingeführte Flagge entspricht in ihrer Gestaltung der französischen Trikolore. Die Flagge zeigt drei gleichbreite, senkrechte Streifen in den Farben Blau, Gelb und Rot. Der blaue Streifen gilt als Symbol des Himmels, der Hoffnung und des Lebens. Er steht auch für den relativ entwickelten Süden des Landes. Der gelbe Streifen ist Sinnbild der Sonne und vertritt den fast nur aus Wüste bestehenden Norden Tschads. Rot wird als Verkörperung des Fortschritts und der Einheit des Staates gedeutet.

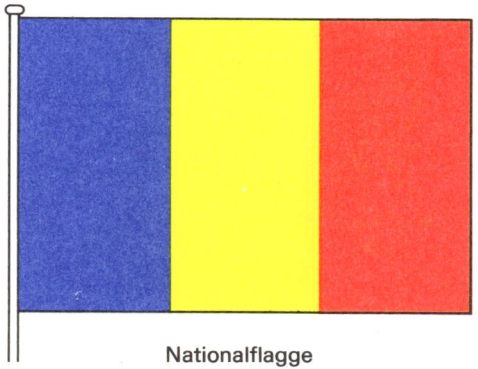

Nationalflagge

Staatswappen

✻ Das Staatswappen der Tschechoslowakischen Republik wurde 1960 eingeführt. Die Wappendarstellung befindet sich auf einem roten, sich nach oben verbreiternden, fünfeckigen Hussitenschild.

Hauptfigur des Wappens ist der zweischwänzige, weiße Löwe, ein altes Symbol des tschechischen Volkes, das unter diesem Zeichen gegen die Unterjochungsversuche seiner Feinde kämpfte. Der Löwe trägt einen kleinen Schild auf der Brust, auf dem in blauer Farbe der Berg Kriváň in der Hohen Tatra dargestellt ist, vor dem ein goldenes Partisanenfeuer leuchtet. Damit wird an den Slowakischen National-

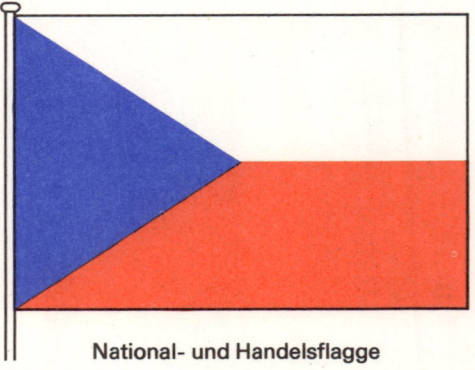

National- und Handelsflagge

Detail
der Präsidentenflagge

aufstand (August bis Oktober 1944) gegen die faschistischen Okkupanten erinnert.

Veränderungen des Staatswappens sind bis Redaktionsschluß nicht bekannt geworden.

Die Flagge wurde bereits 1920 geschaffen und nach der Befreiung 1945 wieder eingeführt. Sie besteht aus den slawischen Farben Weiß, Blau und Rot und zeigt zwei gleichbreite, horizontale Streifen Weiß über Rot, zwischen die sich vom Liek her ein gleichschenkliges, blaues Dreieck mit seiner Spitze bis zur Mitte der Flagge schiebt. Weiß und Rot sind die tschechischen Farben, während Blau den slowakischen heraldischen Traditionen entstammt.

Präsidentenstandarte

✳ Das 1956 geschaffene Wappen der Tunesischen Republik wurde in seiner Gestaltung 1963 wesentlichen Veränderungen unterzogen. Es zeigt einen geteilten und halb gespaltenen, unten spitz zulaufenden, goldfarbenen Schild. Im Schildhaupt ist auf blauen Wellen eine karthagische (punische) Galeere unter vollen Segeln mit zwei roten Toppwimpeln dargestellt. Diese Darstellung erinnert an die Rolle, die das antike Karthago, dessen Ruinen sich in einer Vorstadt der heutigen Hauptstadt Tunis befinden, in der Entwicklung der Länder des Mittelmeerraums spielte. Das zweite Feld trägt eine schwarze Waage, Symbol der Gerechtigkeit, und das dritte Feld einen mit silbernem Schwert bewaffneten schwarzen Löwen, der die Kraft des tunesischen Volkes verkörpert. In der Mitte des Schildes auf einem bogenförmigen Band steht in arabischer Schrift der Wahlspruch „Freiheit, Ordnung, Gerechtigkeit". Oberhalb des Schildes befindet sich, wie im Zentrum der Flagge, in einem weißen Kreis ein roter Halbmond, einen roten, fünfstrahligen Stern umfassend. Der rote Halbmond und Stern sollen daran erinnern, daß der Islam sunnitischer Richtung in Tunesien Staatsreligion ist.

Die Flagge Tunesiens wurde Ende des 18., Anfang des 19. Jahrhunderts aus der türkischen Flagge abgeleitet. Tunesien war von 1574 bis 1881 Bestandteil des Osmanischen Reiches. Unter dem Bei von Tunis, Hussain II., wurde die Flagge eingeführt und von der Republik 1957 übernommen. Im Zentrum des roten Flaggentuches ist ein weißer Kreis mit einem roten Halbmond belegt, der einen roten, fünfstrahligen Stern umfaßt.

Staatswappen

Nationalflagge

Staatswappen

✱ Das Wappen der Republik Türkei bildet auf einem roten Hochoval ein weißer, steigender Halbmond mit einem weißen, fünfstrahligen Stern darüber. Der obere Rand des Hochovals trägt in Gelb die Staatsbezeichnung „TÜRKİYE CUMHURİYETİ". Halbmond und Stern sind Symbole der in der Türkei vorherrschenden islamischen Religion.

Die Republik Türkei übernahm die 1793 geschaffene Flagge des Osmanischen Reiches, eine rote Flagge mit weißem Halbmond und weißem, fünfstrahligem Stern. Über ihre Entstehung gibt es mehrere Legenden. So soll der Halbmond im Banner des Seldschukensultans Alaedin geführt worden sein. Dieser verlieh in Anerkennung ihm geleisteter Dienste den Halbmond an Ertogrul, von dem ihn sein Sohn Osman I. Ghasi, der Gründer des Osmanischen Reiches, erbte. Nach einer anderen Legende soll Osman von einem sich vergrößernden Halbmond geträumt haben, woraus er die Ausdehnung seines Herrschaftsbereiches bis nach Konstantinopel schloß und deshalb den Halbmond in seine Flagge nahm. Nach einer weiteren Legende ging der Mond bei einem Versuch der Truppen Philipps von Makedonien, Byzanz zu erobern, auf, so daß die Angreifer entdeckt wurden und der Angriff abgewehrt werden konnte. Darauf erschien der Halbmond in der byzantinischen Flagge, Sultan Mehmed der Eroberer fügte ihn nach der Einnahme von Konstantinopel 1453 in seine Flagge ein.

Über den Stern geht die Legende, in der Nacht der Eroberung der Stadt sei zwischen den Hörnern des Mondes ein hell leuchtender Stern erschienen als Zeichen des türkischen Sieges, und so sei er gleichfalls in die türkische Flagge eingefügt worden.

National-, Handels- und Marineflagge

Präsidentenstandarte

✳ Die früheren Elliceinseln — neun Korallenatolle, die über eine Seefläche von 1,3 Mill. km² im Pazifik verstreut sind — erhielten 1975 den Namen Tuvalu und wurden 1978 unabhängig.

Das Wappen besteht aus einem Schild, auf dessen breitem, gelbem Rand abwechselnd acht grüne Blätter und acht weiße Muscheln, stellvertretend für die acht größeren Inseln dieses Pazifikstaates, abgebildet sind. Der eigentliche Schild zeigt über blau-weißen Wellen und einem schmalen, grünen Landstreifen ein stilisiertes, traditionelles Versammlungshaus, über dem sich der hellblaue tropische Himmel wölbt. Unter dem Schild befindet sich ein Band mit der Inschrift „TUVALU MO TE ATUA" (Tuvalu für Gott).

Die Flagge von Tuvalu zeigt deutlich, wie die Flaggen Australiens, Neuseelands und Fidschis, ihren britischen Ursprung. Auf dem hellblauen Tuch der Flagge, das den Pazifik darstellt, verkörpern neun gelbe, fünfstrahlige Sterne die territorialen Bestandteile dieses Staates, der mit 26 km² Landfläche und ca. 8 000 Einwohnern zu den kleinsten der Erde zählt. Als Gösch trägt die Flagge von Tuvalu die britische „union flag".

Staatswappen

Nationalflagge

Staatswappen

✱ Das Wappen der Republik Uganda wurde 1962 gesetzlich festgelegt. Es zeigt auf einem bis auf das Schildhaupt schwarzen, afrikanischen Schild im Zentrum eine goldene, strahlende Sonnenscheibe. Im Schildfuß ruht eine Häuptlingstrommel mit silbernem Trommelfell und gleichfarbenen Spannschnüren. Die Trommel war in Uganda Ausdruck königlicher Macht und wird heute als Symbol der Souveränität des Staates betrachtet. Das Schildhaupt ist weiß und durch drei blaue Wellenbalken geteilt, die die zahlreichen Flüsse des Landes repräsentieren. Der Schild liegt auf zwei gekreuzten ugandischen Prunkspeeren und wird von einer Antilope (Uganda-Kob) und einem Kronenkranich gehalten, der schon in der Kolonialzeit Symbol des Landes war. Das Fundament des Wappens bildet ein grasbewachsener Hügel. Er stellt das Hochland von Uganda dar, von dem ein Fluß abwärts fließt, Sinnbild des den Victoria- und Albertsee durchfließenden Nils, flankiert von einem Kaffeezweig und einem Baumwollzweig. Ein Band mit dem Wahlspruch „FOR GOD AND MY COUNTRY" (Für Gott und mein Land) schließt das Wappen unten ab.

Die gleichfalls 1962 eingeführte Flagge von Uganda besteht aus sechs gleichbreiten, horizontalen Streifen, abwechselnd schwarz, gelb und rot. Sie trägt im Zentrum in einem weißen Kreis die Darstellung eines Kronenkranichs. Die schwarzen Streifen sollen die Menschen und den afrikanischen Kontinent darstellen, die gelben das lebenspendende Licht der Sonne und die roten die Brüderlichkeit zum Ausdruck bringen.

Nationalflagge

✳ Das Wappen der Republik Ungarn zeigt einen in drei Plätze geteilten Schild in den Farben Rot über Weiß über Grün. Es verkörpert die nationalen Traditionen des ungarischen Volkes. (Die früheren Symbole der Volksrepublik — Kranz aus Weizenähren, roter Stern — sind nicht mehr gebräuchlich. Die endgültige Neugestaltung des Wappens ist noch in der Diskussion.)

Die ungarische Flagge wurde 1957 in der heute gebräuchlichen Form verkündet. Sie zeigt drei gleichbreite, horizontale Streifen in den Farben Rot über Weiß über Grün. Die Farbzusammenstellung wird auf die Goldene Bulle König András' II. von 1222 zurückgeführt, deren Siegel an einem rot-weiß-grünen Band befestigt war. König Lajos I. (Ludwig von Anjou) führte im 14. Jahrhundert die Worte „Glaube, Hoffnung, Liebe" auf seiner persönlichen Standarte, so daß die drei Farben der Flagge von den Höflingen damit in Verbindung gebracht wurden. Im 17. Jahrhundert besaßen die militärischen Einheiten König Mátyás' II. gleichfalls dreifarbige Flaggen. Nach volkstümlicher Deutung steht Weiß für die sittliche Reinheit und die edle Gesinnung, Grün für die Hoffnung und Rot für das Blut, das die Patrioten für die Freiheit des Landes geopfert haben. Der Aufstand gegen die habsburgische Monarchie im Jahre 1848, mit dem die Revolution begann, fand im Zeichen rot-weiß-grüner Kokarden und Fahnen statt.

Staatswappen

Nationalflagge

Staatswappen

★ Das aus dem Jahre 1829 stammende Wappen der Republik Uruguay wurde 1908 erneut festgelegt. Es zeigt einen gespaltenen und bogenförmig geteilten, hochovalen Schild. Eine goldene Waage auf blauem Feld ist Zeichen der Gleichheit und der Gerechtigkeit. Das zweite Feld zeigt auf weißem Grund einen grünen Berg mit weißer Festung auf seinem Gipfel über blauen Wellenbalken, Symbol der Stärke und Verkörperung des „Cerro" von Montevideo über dem Río de la Plata. Das springende Pferd auf silbernem Grund im dritten Feld ist Ausdruck der Freiheit, während der goldene Stier auf dem blauen Grund des vierten Feldes den Wohlstand symbolisiert und zugleich in Erinnerung ruft, daß die Viehzucht der Wirtschaft des Landes das Gepräge gibt. Die den Schild umkränzenden Oliven- und Lorbeerzweige sowie die hinter dem Schildhaupt aufgehende Sonne – aus dem Wappen Argentiniens bekannt – symbolisieren die im siegreichen Kampf gegen Brasilien gewonnene Freiheit und die Friedensliebe des Volkes.

Die Flagge Uruguays wurde 1830 geschaffen. Sie zeigt neun horizontale Streifen, fünf davon weiß, vier blau. Sie sind stellvertretend für die neun Provinzen des Landes zum Zeitpunkt der Anerkennung seiner Unabhängigkeit (1828). Die beiden Farben Weiß und Blau und auch die goldene Freiheitssonne mit ihren sechzehn Strahlen erinnern an die gemeinsame Vergangenheit mit Argentinien.

Nationalflagge

Präsidentenflagge

★ Im Jahre 1980 erlangte die Republik Vanuatu ihre staatliche Unabhängigkeit. Die Republik besteht aus zwölf größeren und siebzig kleineren Inseln, die 1606 entdeckt wurden. Die Inselgruppe war von 1906 bis 1980 ein britisch-französisches Kondominium und unter dem Namen „Neue Hebriden" bekannt.

Die mit der Unabhängigkeitserklärung in Kraft getretene Verfassung des jungen Staates legt fest, daß der gesamte Grund und Boden Eigentum der melanesischen Ureinwohner ist. Daher steht im Wappen der Inselrepublik ein melanesischer Häuptling, auf seinen Speer gestützt, auf einer Insel. In Wirklichkeit jedoch verfügen Europäer, das sind etwa 3% der Bevölkerung, über mehr als ein Drittel der landwirtschaftlichen Nutzfläche. Hinter dem Häuptling sind zwei Palmenzweige – Kopra ist ein Hauptausfuhrprodukt des Landes – gekreuzt vor einem bizarr geformten Eberzahn abgebildet. Ein Band unter dieser Darstellung trägt die Inschrift „LONG GOD YUMI STANAP" (Zu Gott erheben wir uns).

Die Flagge Vanuatus zeigt einen roten oberen und einen grünen unteren Horizontalstreifen. Vom Liek her reicht ein schwarzes Dreieck, dessen Basis die ganze Flaggenbreite einnimmt, bis zur Flaggenmitte. Zwei schmale gelbe Streifen trennen an den Schenkeln des Dreiecks jeweils einen schmalen schwarzen Rand ab. In der Mitte der Flagge vereinigen sich die beiden gelben Streifen und verlaufen dann zwischen den beiden schwarzen Rändern – alle drei Streifen sind von gleicher Breite – bis zum fliegenden Ende der Flagge.

Das schwarze Dreieck ist im Zentrum mit den bereits aus dem Wappen bekannten Figuren, Palmenzweige und Eberzahn, belegt. Hier jedoch werden die beiden gekreuzten Palmenzweige von dem Eberzahn umschlossen.

Staatswappen

Nationalflagge

Wappen des Vatikans

✳ Das Wappen des Staates der Vatikanstadt wurde 1926 festgelegt. Es zeigt in einem roten Schild – Rot war im Mittelalter die Farbe der katholischen Kirche – die Tiara, die päpstliche Krone. Ursprünglich war die Tiara eine weiße, kegelförmige Mütze; im 12. Jahrhundert wurde ein goldener Stirnreif hinzugefügt, ein zweiter während des Pontifikats von Bonifatius VIII. (1294–1303) und ein dritter unter Clemens V. (1305/14). Der Papst trug die Tiara als irdischer Herrscher außerhalb der Kirche bei Prozessionen. Im Jahre 1964 stiftete Papst Paul VI. seine Tiara symbolisch den Armen; seitdem wurde sie nicht mehr verwendet. Unter der Tiara sind ein goldener und ein silberner Schlüssel gekreuzt. Die Schlüssel Petri symbolisieren die dem Papst als Nachfolger des Apostels Petrus (nach katholischer Auffassung erster Bischof von Rom und daher erster Papst) verliehene höchste geistliche Gewalt in der Kirche (Gewalt zu „binden" und zu „lösen"). Diese Schlüsselgewalt des Papstes wird mit dem Matthäusevangelium (16, Vers 18 und 19) begründet.

Nach den Lateranverträgen von 1929 wurde die gelb-weiß senkrecht gestreifte Flagge des Papstes als Flagge des Vatikans bestätigt. Die Farben Gelb und Weiß werden vom Gold und Silber der Schlüssel Petri hergeleitet. Im weißen Streifen befinden sich die Symbole des vatikanischen Wappens.

Flagge des Vatikans

Wappen
Papst Johannes Pauls II.

✳ Das Wappen der Republik Venezuela geht in seinen Grundelementen auf einen bereits 1836 angenommenen Entwurf zurück. Es zeigt einen halbgespaltenen und durch eine Bogenlinie geteilten Schild. Im ersten Feld stehen auf rotem Grund zwanzig goldene Weizenähren, die die zwanzig Bundesstaaten repräsentieren und zur Garbe gebunden Ausdruck des festen Zusammenhaltes des Landes sind. Zugleich sind sie Hinweis auf die ertragreiche Landwirtschaft. Gekreuzte Säbel und Fahnen im zweiten Feld verweisen auf die siegreichen Taten der Patrioten im Kampf für die Unabhängigkeit. In der unteren Wappenhälfte ist auf blauem Grund ein wilder, weißer Hengst abgebildet als Zeichen der errungenen Unabhängigkeit und Freiheit. Von Wohlstand und Reichtum des Landes künden die beiden von Früchten und Blumen überquellenden Füllhörner des Oberwappens. Umkränzt wird diese Darstellung von den Symbolen des Ruhmes und des Friedens, einem Lorbeerzweig und einem Palmenzweig. Ein dreifach gewundenes Band in den Nationalfarben mit den Aufschriften „19 DE ABRIL DE 1810 – INDEPENDENCIA", „20 DE FEBRERO DE 1859 – FEDERACION" und „REPUBLICA DE VENEZUELA" hält die Zweige zusammen.

Die Farben der Flagge Venezuelas, Gelb über Blau über Rot, gehen auf einen Vorschlag General Mirandas zurück. Dieser Vorschlag wurde 1811 von der auf-

Staatswappen

National- und Handelsflagge

Staats- und Marineflagge

ständischen Armee angenommen, jedoch hatte diese Flagge senkrechte Streifen. Später erhielt sie die Bezeichnung „Flagge Bolívars". Nachdem Venezuela im Jahre 1830 aus der von Bolívar geschaffenen Föderation mit Kolumbien und Ekuador ausgetreten war, behielt es zwar die Farben bei, ordnete sie aber in drei gleichbreiten Streifen horizontal an. Im mittleren, blauen Streifen erscheinen seit 1849 sieben weiße, fünfstrahlige Sterne (seit 1930 zu einem Halbkreis geordnet); sie vertreten die sieben ursprünglichen Provinzen des Landes. Die Farben werden wie folgt gedeutet: der lateinamerikanische Subkontinent (Gelb) ist durch den blauen Atlantik von Spanien, der ehemaligen Kolonialmacht (Rot), getrennt.

Präsidentenstandarte

Staatswappen

✳ Im Jahre 1971 schlossen sich sieben Scheichtümer am Persischen Golf — Abu Dhabi, Adjman (Ajman), Dubai, Al-Fudjeira (Fujeira), Ras al-Khaima, Schardja und Umm al-Keiwein — unter der Bezeichnung „Vereinigte Arabische Emirate" zusammen. Ihr Wappen zeigt einen goldenen Falken, der auf einem runden, roten Brustschild eine Dhau trägt, ein für diese Region typisches, noch heute gebräuchliches Segelschiff. Das Schiff ist ein deutlicher Hinweis auf die Bedeutung der Seeschiffahrt für die Golfstaaten. Der Schild ist von einer silbernen Kette umgeben, sie soll den Zusammenschluß der Emirate versinnbildlichen. In seinen Fängen hält der Falke, Symbol des Stammes der Koraisch, ein rotes Band mit der arabischen Inschrift „Vereinigte Arabische Emirate".

In der 1972 geschaffenen Flagge der Vereinigten Arabischen Emirate finden sich die arabischen Farben und das Grün des Islams. Die Flagge zeigt drei gleichbreite, horizontale Streifen in den Farben Grün über Weiß über Schwarz und am Liek einen breiten, senkrechten, roten Streifen, der die Zusammengehörigkeit der Emirate zum Ausdruck bringen soll. Rot ist auch die Grundfarbe der noch heute in den einzelnen Emiraten gebräuchlichen Emiratsflaggen.

Nationalflagge

Staatswappen

✳ Während des Unabhängigkeitskrieges 1775/83 war ein Adler Hoheitszeichen der dreizehn sich von Großbritannien lossagenden Neuengland-Staaten. Ein naturfarbener Weißkopfseeadler wurde 1782 zum Wappentier der Vereinigten Staaten von Amerika gewählt als Symbol republikanischen Geistes. Sein Brustschild hat ein blaues Schildhaupt, das den Kongreß als oberste Regierungsgewalt verkörpert, darunter auf weißem Grund sechs rote Pfähle, also dreizehn weiße und rote senkrechte Streifen für die Bundesstaaten, die 1776 ihre Unabhängigkeit erklärten. Der Adler hält im Schnabel ein gelbes Band mit dem Wahlspruch „E PLURIBUS UNUM" (aus mehreren eines), Ausdruck des Staatenbundes. Das Oberwappen ist ein blaues Feld mit dreizehn weißen Sternen, umgeben von einem goldenen Strahlenkranz und einem weißen Wolkenband. In den Fängen hält der Adler einen Olivenzweig und dreizehn Pfeile als Symbole der Entscheidungsgewalt des Kongresses über Krieg und Frieden.

Die Flagge der Vereinigten Staaten von Amerika zeigte ursprünglich dreizehn weiße, fünfstrahlige Sterne kreisförmig in der blauen Oberecke am Liek eines Flaggentuches aus dreizehn abwechselnd roten und weißen Horizontalstreifen. 1818 wurde beschlossen, bei Aufnahme eines neuen Bundesstaates nur die Zahl der Sterne durch jeweils einen weiteren zu ergänzen, was bisher vierundzwanzigmal geschah. Die Anzahl der Streifen sollte zur Erinnerung an die Gründerstaaten der USA bei dreizehn belassen werden. Die Flagge mit fünfzig Sternen, wie sie heute gebräuchlich ist, wurde am 4. Juli 1960 eingeführt. Die Farben Blau, Weiß und Rot stammen aus der britischen Flagge bzw. der Flagge der Kolonien von Neuengland. Sie werden gedeutet als Zeichen des Mutes (Rot), der Reinheit (Weiß) sowie der Standhaftigkeit (Blau).

National-, Handels- und Marineflagge

Präsidentenflagge

Staatswappen

✶ Das Wappen der Sozialistischen Republik Vietnam wurde in der Grundgestaltung 1956 angenommen und bei Ausrufung der SRV 1976 bestätigt. Es zeigt auf rotem Grund, der Verkörperung der revolutionären Kraft des Volkes und des für die Unabhängigkeit geopferten Blutes, einen fünfstrahligen, goldenen Stern. Diese Darstellung ist umgeben von einem Kranz aus goldenen Reisähren, in die unten mit rotem Band ein goldenes Zahnrad eingebunden ist. Damit soll auf das enge Bündnis der Arbeiter und Bauern des Landes hingewiesen werden. Das rote Band trägt in vietnamesischer Sprache die Staatsbezeichnung.

Die bereits 1945, kurz nach der Proklamation der Unabhängigkeit eingeführte Flagge zeigt im Zentrum eines roten Flaggentuches einen goldenen, fünfstrahligen Stern, nimmt also die Hauptsymbolik des Wappens auf.

Nationalflagge

Staatswappen

✷ Das ehemalige UN-Treuhandgebiet Westsamoa übernahm bei der Erlangung der Unabhängigkeit im Jahre 1962 ein im wesentlichen bereits 1951 geschaffenes Wappen. Dieses Wappen besteht aus einem geteilten Wappenschild. Im oberen Wappenteil ragt eine naturfarbene Palme über weiße Wellen empor, so den Inselcharakter des Staates symbolisierend. Im unteren Teil des Schildes bilden fünf weiße Sterne auf blauem Grund das Kreuz des Südens zum Zeichen, daß Westsamoa sich auf der südlichen Halbkugel der Erde befindet. Der Schild liegt auf dem aus der UNO-Flagge bekannten Gradnetz der Erde, beiderseits umgeben von grünen Olivenzweigen. Über dem Schild schwebt ein blaues, weiß und rot umsäumtes Kreuz, von dem rote Strahlen ausgehen. Es soll darauf hinweisen, daß sich der überwiegende Teil der Bevölkerung Westsamoas zum Protestantismus bekennt. Den unteren Abschluß des Wappens bildet ein weißes Schriftband mit dem samoanischen Wahlspruch „FA'AVAE I LE ATUA SAMOA" (Gott sei die Grundlage Samoas).

Die Flagge wurde bereits 1949 geschaffen. Ihr rotes Flaggentuch folgt Vorbildern aus dem 19. Jahrhundert. Die blaue Gösch symbolisiert den Pazifik, in dem die vier großen Sterne und ein kleiner, weißer, fünfstrahliger Stern das Kreuz des Südens bilden. Die Farben des „Banners der Freiheit", wie die Flagge in der Hymne Westsamoas genannt wird, werden wie folgt gedeutet: Rot steht für Mut, Weiß für Reinheit und Blau für Freiheit.

Nationalflagge

Zaïre

✶ 1971 nahm die Republik Kongo (Kinshasa) – ehemals Belgisch-Kongo – die heutige Bezeichnung Republik Zaïre an. Dabei wurde die alte, aus dem Jahre 1966 stammende Wappendarstellung beibehalten, jedoch aus der früheren Schildform herausgenommen. Leopardenkopf, Speer und Pfeil stehen für Mut und Tapferkeit der Bewohner des Landes, Elefantenstoßzahn und Palmzweig für Kraft und friedliche Gesinnung. Letztere sind zugleich Symbole der reichen Fauna und Flora. Unter der Darstellung ein Spruchband mit dem Wahlspruch des Landes „JUSTICE PAIX TRAVAIL" (Gerechtigkeit, Friede, Arbeit).

Mit dem Wappen wurde 1971 auch eine neue Flagge eingeführt. Sie folgt der Symbolik der Volksbewegung der Revolution (MPR) und enthält die afrikanischen Farben Grün, Gelb und Rot. Auf einem grünen Flaggentuch befindet sich ein gelber Kreis, in dem der gestreckte Arm eines Afrikaners die rot leuchtende Fackel der Freiheit in die Höhe hält. Das Grün symbolisiert Frieden, Hoffnung und die reiche Natur des am Äquator gelegenen Landes, Gelb die Bodenschätze Zaïres.

Staatswappen

Nationalflagge

Staatswappen

✳ Das Wappen der Zentralafrikanischen Republik ist seit 1963 ein geteilter und gespaltener, mit einem Herzschild besetzter Wappenschild. Der rote Herzschild trägt einen weißen Kreis, darin die mit einem goldenen Stern als Symbol der Freiheit, der Einheit und der Zukunft der Völker Afrikas belegte schwarze Silhouette des Kontinents. Das erste und das zweite Feld des Schildes zeigen einen Elefantenkopf auf grünem Grund und einen grünen Baum auf weißem Grund — stellvertretend für Fauna und Flora des Landes zwischen Ubangi und Schari. Das dritte Feld trägt drei schwarze, vierstrahlige Sterne auf gelbem Grund, während im vierten, blauen die Hand eines Afrikaners auf den Herzschild weist. Unter dem Wappenschild trägt die aufgehende Sonne das Datum des 1. Dezember 1958, an dem die französische Kolonie Ubangui-Schari die innere Autonomie im Rahmen der Französischen Gemeinschaft erhielt. Darüber schwebt ein Band mit der Inschrift „ZO KWE ZO" (Mensch bleibt Mensch). Unten sind das Kleinod des Nationalen Verdienstordens und ein Band mit dem Wahlspruch „UNITÉ DIGNITÉ TRAVAIL" (Einheit, Würde, Arbeit) abgebildet.

Die bereits 1958 geschaffene Flagge wurde unverändert übernommen, als die Zentralafrikanische Republik im Jahre 1960 die Unabhängigkeit erhielt. In ihr sind die französischen Farben (Blau-Weiß-Rot) mit den afrikanischen (Grün, Gelb, Rot) verbunden. Vier gleichbreite, horizontale Streifen Blau über Weiß über Grün über Gelb werden durch einen vertikalen, roten Streifen in der Mitte zusammengehalten. Sie sollen symbolisieren, daß die Menschen, gleich welcher Hautfarbe oder Rasse, durch das Blut, das in den Adern jedes Menschen fließt, verbunden und gleich sind. Der goldene Stern im blauen Streifen am Liek verkörpert die Unabhängigkeit des Landes.

Nationalflagge

Staatswappen

✳ Seit im Jahre 1960 die Republik Zypern ausgerufen wurde, blieb das Staatswappen unverändert. Es zeigt auf einem goldenen Schild eine weiße Taube mit einem grünen Olivenzweig im Schnabel – beides Symbole des Friedens. Darunter erinnert die Zahl 1960 an das Jahr der Unabhängigkeit des Landes. Der Wappenschild ist von einem Kranz aus Olivenblättern umgeben.

Am Tage der Proklamation der Republik wurde 1960 auch die Nationalflagge eingeführt. Sie besteht aus einem weißen Flaggentuch, Symbol des Friedens, und trägt im Zentrum in kartographisch exakter Anordnung die goldene Silhouette Zyperns. Die goldene Farbe soll zum Gedenken an den ehemaligen Kupferreichtum der Insel gewählt worden sein. Unterhalb der Inseldarstellung befinden sich zwei gekreuzte Olivenzweige.

Nationalflagge

Internationale
Flaggen

Flagge der Organisation der Vereinten
Nationen/UNO

Flagge der Internationalen
Arbeitsorganisation/ILO

Flagge der Weltgesundheits-
organisation/WHO

Flagge des Internationalen
Fernmeldevereins/ITU

Flagge der Organisation der Vereinten Nationen für Ernährung und Landwirtschaft/FAO

Flagge der Weltorganisation für Meteorologie/WMO

Flagge des Weltpostvereins/UPU

Flagge der Internationalen Zivilluftfahrt-Organisation/ICAO

Flagge der Organisation der Vereinten
Nationen für Erziehung, Wissenschaft
und Kultur/UNESCO

Flagge der Internationalen Atomenergie-
Agentur/IAEA

Flagge der Zwischenstaatlichen Beratenden
Schiffahrts- Organisation/IMCO

Flagge der Weltorganisation für Geistiges
Eigentum/WIPO

Flagge des Roten Kreuzes

Flagge des Roten
Halbmondes

Flagge des Internationalen Olympischen
Komitees/IOC

Ländername	Staatsbezeichnung	Ländername	Staatsbezeichnung
Afghanistan	Republik Afghanistan 23	Burma	Union von Burma 63
Ägypten	Arabische Republik Ägypten 24	Burundi	Republik Burundi 64
Albanien	Sozialistische Volksrepublik	Chile	Republik Chile 65
	Albanien 26	China	Volksrepublik China 66
Algerien	Demokratische Volksrepublik	Costa Rica	↑ Kostarika 142
	Algerien 28	Côte d'Ivoire	Republik Côte d'Ivoire 68
Andorra	Fürstentum Andorra 30	Dahomey	↑ Benin 51
Angola	Volksrepublik Angola 31	Dänemark	Königreich Dänemark 69
Antigua und Barbuda	Antigua und Barbuda 32	DDR	↑ Deutsche Demokratische
Äquatorial-Guinea	Republik Äquatorial-Guinea 34		Republik 72
Argentinien	Republik Argentinien 36	Djibouti	Republik Djibouti 74
Äthiopien	Volksdemokratische Republik	Dominica	Commonwealth von Dominica 75
	Äthiopien 38	Dominikanische	Dominikanische Republik 76
Australien	Australien 40	Republik	
Bahamas	Commonwealth der Bahamas 42	Ekuador	Republik Ekuador 78
Bahrein	Staat Bahrein 44	Elfenbeinküste	↑ Côte d'Ivoire 68
Bangladesh	Volksrepublik Bangladesh 46	El Salvador	Republik El Salvador 80
Barbados	Barbados 47	Fidschi	Fidschi 82
Belgien	Königreich Belgien 48	Finnland	Republik Finnland 84
Belize	Belize 50	Frankreich	Französische Republik 86
Benin	Volksrepublik Benin 51	Gabun	Republik Gabun 88
Bhutan	Königreich Bhutan 52	Gambia	Republik Gambia 89
Birma	↑ Burma 63	Ghana	Republik Ghana 90
Bolivien	Republik Bolivien 53	Grenada	Grenada 92
Botswana	Republik Botswana 54	Griechenland	Griechische Republik 94
Brasilien	Föderative Republik Brasilien 56	Großbritannien	Vereinigtes Königreich von Groß-
BRD	↑ Bundesrepublik Deutschland 60		britannien und Nordirland 96
Brunei	Staat Brunei Darussalam 57	Guatemala	Republik Guatemala 98
Bulgarien	Volksrepublik Bulgarien 58	Guinea	Republik Guinea 99
Burkina	Burkina Faso 62	Guinea-Bissau	Republik Guinea-Bissau 100

Ländername	Staatsbezeichnung	Ländername	Staatsbezeichnung
Österreich	Republik Österreich 186	Südafrika	Republik Südafrika 232
Pakistan	Islamische Republik Pakistan 188	Sudan	Republik Sudan 233
Panama	Republik Panama 190	Südkorea	↑ Korea/Republik Korea 141
Papua-Neuguinea	Papua-Neuguinea 191	Suriname	Republik Suriname 234
Paraguay	Republik Paraguay 192	Swasiland	Königreich Swasiland 235
Peru	Republik Peru 194	Syrien	Syrische Arabische Republik 236
Philippinen	Republik der Philippinen 196	Tansania	Vereinigte Republik Tansania 237
Polen	Republik Polen 198	Thailand	Königreich Thailand 238
Portugal	Portugiesische Republik 200	Togo	Togolesische Republik 240
Rumänien	Rumänien 202	Tonga	Königreich Tonga 241
Rwanda	Republik Rwanda 203	Trinidad und Tobago	Republik Trinidad und Tobago 242
Saint Kitts und Nevis	Saint Kitts und Nevis 204	Tschad	Republik Tschad 243
Saint Lucia	Saint Lucia 205	Tschechoslowakei	Tschechoslowakische
Saint Vincent	Saint Vincent und die		Republik 244
	Grenadinen 206	Tunesien	Tunesische Republik 246
Salomonen	Salomoninseln 207	Türkei	Republik Türkei 247
Sambia	Republik Sambia 208	Tuvalu	Tuvalu 248
San Marino	Republik San Marino 210	UdSSR	↑ Sowjetunion 226
São Tomé	Demokratische Republik von São	Uganda	Republik Uganda 249
und Príncipe	Tomé und Príncipe 211	Ungarn	Republik Ungarn 250
Saudi-Arabien	Königreich Saudi-Arabien 212	Uruguay	Republik Uruguay 251
Schweden	Königreich Schweden 214	USA	↑ Vereinigte Staaten von
Schweiz	Schweizerische		Amerika 258
	Eidgenossenschaft 216	Vanuatu	Republik Vanuatu 252
Senegal	Republik Senegal 217	Vatikanstadt	Staat der Vatikanstadt 252
Seychellen	Republik Seychellen 218	Venezuela	Republik Venezuela 254
Sierra Leone	Republik Sierra Leone 219	Vereinigte	Vereinigte Arabische
Simbabwe	Republik Simbabwe 220	Arabische Emirate	Emirate 256
Singapur	Republik Singapur 222	Vietnam	Sozialistische Republik
Somalia	Demokratische Republik		Vietnam 258
	Somalia 224	Westsamoa	Unabhängiger Staat
Sowjetunion	Union der Sozialistischen		Westsamoa 259
	Sowjetrepubliken 226	Zaïre	Republik Zaïre 260
Spanien	Königreich Spanien 228	Zentralafrikanische	Zentralafrikanische
Sri Lanka	Demokratische Sozialistische	Republik	Republik 261
	Republik Sri Lanka 230	Zypern	Republik Zypern 262

Herzog, Hans-Ulrich:
Lexikon Flaggen und Wappen/Hans-Ulrich Herzog; Georg
Hannes. – 1. Aufl. – Leipzig: Bibliographisches Institut,
1989. – 272 S.: Ill.
                    ISBN 3–323–00263–6
NE: 2. Verf.:

1. Auflage
Verlagslizenz-Nr. 433–130/2/89
Printed in the German Democratic Republic
Gesamtherstellung: INTERDRUCK Graphischer Großbetrieb
Leipzig, III/18/97
Lektorat: Iris Hoyer
Bildredaktion: Vera Tauhardt
Gesamtgestaltung: Horst Wilß
Redaktionsschluß: Mai 1989
LSV 0207
Best.-Nr. 578 252 8
04400

10.